Iss Dich fitter

CLEVER ESSEN

Abkürzungen

EL	Esslöffel	TK	Tiefkühl…
TL	Teelöffel	Bd.	Bund
kg	Kilogramm	Msp.	Messerspitze
g	Gramm	kcal	Kilokalorien
mg	Milligramm	kJ	Kilojoule
l	Liter	EW	Eiweiß
ml	Milliliter	F	Fett
cl	Zentiliter	KH	Kohlenhydrate
gestr.	gestrichen	1 kJ = 0,239 kcal	
geh.	gehäuft	1 kcal = 4,184 kJ	

compact via ist ein Imprint der Compact Verlag GmbH

© Compact Verlag GmbH
Baierbrunner Straße 27, 81379 München
Ausgabe 2013

Einleitungstext: Sebastian Weber
Chefredaktion: Dr. Matthias Feldbaum
Redaktion: Isabel Martins
Produktion: Frank Speicher
Abbildungen: siehe Bildnachweis S. 128
Titelabbildung: fotolia.com/Picture Partners
Gestaltung: h3a GmbH, München
Umschlaggestaltung: h3a GmbH, München

ISBN 978-3-8174-8986-2
381748986/1

www.compactverlag.de

Inhalt

Fitness – mehr als nur sportliche Kondition

Mit dem Begriff Fitness werden oftmals Sportlichkeit oder ein trainierter Körper verbunden. Es gehört jedoch weit mehr dazu als Kraft, Beweglichkeit und Ausdauer. Zwar spielt die Leistungsfähigkeit des Körpers eine entscheidende Rolle, allerdings auch die des Gehirns.

Fit zu sein bedeutet, dass Körper und Geist die Aufgaben in Alltag, Job und Sport gleichermaßen erfüllen können – sei es nun gutes Reaktionsvermögen, Konzentration, logisches Denken oder körperliche Anstrengung. Daneben beinhaltet Fitness vor allem auch Gesundheit und Wohlbefinden. Sport ist dabei eine wichtige Voraussetzung.

Teil eines fitnessbewussten Lebens ist jedoch auch eine gesunde Ernährungsweise. Diese sollte abwechslungsreich sein, da für die verschiedenen Aufgaben im Organismus eine Vielzahl von Nährstoffen benötigt wird. Nur dann hat der Körper ausreichend Energie, ist geschützt vor Krankheiten, kann Muskeln und Knochen aufbauen und sich nach Belastung regenerieren. Eine einseitige Ernährung kann dies nicht gewährleisten und kann dem Körper auf Dauer sogar schaden.

Gesund zu essen bedeutet daher,
sich vielseitig und bewusst zu ernäh-
en. Dabei gibt es Nährstoffe, die für
inen fitten Körper und Geist beson-
ers wichtig sind. Welche dies sind
und welche Rolle sie im menschli-
hen Organismus spielen, wird nach-
olgend erläutert.

Daneben erfahren Sie, welche Le-
ensmittel gute Nährstofflieferanten
ind, wie wichtig Trinken, Sport und
rholung sind und wie Sie Ernährung
nd Training richtig kombinieren. Im
Rezeptteil finden Sie abwechslungs-
eiche Gerichte, die optimal auf eine
tnessbewusste Ernährungsweise ab-
estimmt sind.

Was Ihr Körper braucht, um fit zu werden

Bausteine einer Ernährung, die fit macht

Damit Körper und Geist aktiv werden
und bleiben, bedarf es der richtigen
Zufuhr bestimmter Nährstoffe. Nur
wenn Ihr Körper optimal versorgt ist,
kann er gute Leistungen erbringen,
Muskeln auf- und Fett abbauen. Ele-
mentar sind neben bestimmten Vitaminen und Mineralstoffen vor allem
Proteine (also Eiweiße) und Kohlenhydrate, aber auch Fette.

Je nach Gewicht sollten Erwachsene täglich zwischen 60 und 90 Gramm **Fett** zu sich nehmen – der tatsächliche Konsum liegt bei durchschnittlich 130 bis 150 Gramm. Ein Großteil dieser Lipide wird durch tierische Lebensmittel aufgenommen. Diese enthalten jedoch vorwiegend die sogenannten gesättigten Fettsäuren, welche sich negativ auf die körperliche Leistung und Gesundheit auswirken. So können sie insbesondere die Blutfettwerte beeinträchtigen und die Speicherung von Kohlenhydraten in Muskeln und Leber verlangsamen, wodurch der Körper nach dem Sport mehr Zeit zur Regeneration benötigt.

Die Hauptnährstoffe Eiweiß, Kohlenhydrate und Fette

Eiweiß, Kohlenhydrate und Fette sind für die Fitness unabdingbar. Während Kohlenhydrate und Fette dem Körper vor allem Energie liefern, helfen die Proteine besonders bei Aufbau und Erhalt von Muskelfasern, Sehnen und Bändern. Damit diese Nährstoffe sich positiv auswirken, sind jedoch Herkunft und Menge zu beachten. Dies gilt vor allem für Fette, die sogenannten Lipide.

Um fit und gesund zu sein, muss aber nicht auf Produkte tierischer Herkunft verzichtet werden: Fisch – insbesondere fettreiche Arten wie Lachs, Makrele und Hering – enthält im Gegensatz zu Schwein, Rind und Geflügel hohe Mengen an ungesättigten Fettsäuren. Diese sind für den Körper und seine Leistungsfähigkeit nicht nur gesünder, sondern auch essenziell: Einfach und mehrfach ungesättigte Fettsäuren können vom Körper selbst nicht hergestellt werden

nd müssen ihm daher durch Fisch
nd pflanzliche Lebensmittel (z. B.
Öle) zugeführt werden.

Besonders relevant für einen fitten
Körper sind die **mehrfach ungesättigten Fettsäuren**, die in Omega-3- und
Omega-6-Fettsäuren unterschieden
werden. Beide dienen dem Wachstum sowie der Regeneration von Ge-
webe, wirken entzündungshemmend
und schützen vor Infektionen. Besonders bei (Sport-)Verletzungen sind sie
daher wichtig für den Heilungspro-
zess. Daneben benötigt der Körper
diese ungesättigten Lipide, um die
fettlöslichen Vitamine in den Blutkreislauf zu transportieren.

Omega-3-Fettsäuren werden in der
Regel in zu geringem Umfang aufgenommen; die Zufuhr von Omega-

TIPP

**Gesättigte Fettsäuren finden sich
nicht nur in tierischen Lebensmitteln.
So enthält beispielsweise Kokosfett
die sogenannte Myristinsäure, eine
gesättigte Fettsäure. Sie gilt als die
am stärksten gesundheitsbelastende
Fettsäure, da sie auf Dauer zu einer
höheren Cholesterinkonzentration
im Blut führt und damit das Risiko
einer Arterienverkalkung erhöht.
Kokosfett sollte daher nur gelegentlich und in geringen Mengen verwendet werden.**

6-Fettsäuren wird hingegen durch
den allgemein hohen Verzehr von
Pflanzenölen, Milchprodukten und ro-
tem Fleisch leicht gedeckt. Omega-
3-Fettsäuren sollten 0,5
bis zwei Prozent der täg-
lichen Energiezufuhr
ausmachen, was 0,3 bis
0,4 Gramm pro Tag bzw.
zwei fischreichen Mahl-
zeiten pro Woche ent-
spricht. Die tägliche
Menge an Omega-6-Fett-
säuren sollte das Fünffa-
che der aufgenommenen
Omega-3-Fettsäuren
sein – das tatsächliche
Verhältnis der zugeführ-
ten Lipidsäuren liegt je-
doch bei 1:20.

Hauptaufgabe der Fette ist die Lieferung von Energie; insbesondere bei der Ausübung von Ausdauersportarten greift der Körper auf Fettreserven zurück. Das heißt jedoch nicht, dass mehr als die empfohlene Tagesdosis an Lipiden aufgenommen werden kann, da der menschliche Organismus Fett sehr gut speichert.

Für einen gesunden, fitten Körper ist die richtige Zusammensetzung der Lipide entscheidend: Ernährungswissenschaftler empfehlen, dass nur ein Drittel der aufgenommenen Fette aus gesättigten Fettsäuren bestehen sollte. Jeweils ein weiteres Drittel sollten einfach und mehrfach ungesättigte Fettsäuren bilden.

Neben den Fetten dienen auch **Kohlenhydrate** der Energieversorgung des Körpers. Da sie im Gegensatz zu den Lipiden Muskel-, Hirn- und Nervenzellen versorgen, sind Kohlenhydrate für alle körperlichen und geistigen Leistungen unverzichtbar. So benötigt der Organismus diese Stoffe beim Sport ebenso wie in Momenten, in denen eine starke Konzentration gefordert ist.

Besonders häufig verzehrte Kohlenhydrate, die auch als Saccharide bezeichnet werden, sind Stärke und Zucker (Trauben-, Frucht-, Rohr- und Milchzucker). Auch Ballaststoffe gehören – chemisch

gesehen – zu den Kohlenhydraten. Da sie aber im Gegensatz zu anderen Kohlenhydraten nicht lebensnotwendig sind, bezeichnet man sie als bioaktive Substanzen.

TIPP

Auf diese Weise können Sie ungesunde Fette einsparen:

- **Unter Wurst, Käse und Brotaufstrichen auf Butter verzichten oder hochwertige pflanzliche Margarine verwenden;**
- **Gerichte lieber sanft garen, grillen oder dünsten; auf Paniertes verzichten;**
- **statt zu Schokolade und anderen fetthaltigen Süßigkeiten lieber zu Obst oder fettarmen Snacks greifen;**
- **ein Teil der Butter kann beim Backen durch Sonnenblumenöl ersetzt werden;**
- **Salate mit hochwertigen Pflanzenölen anstelle von Joghurt- oder Sahnedressings anmachen.**

Im Rahmen einer besonders fitnessbewussten Ernährungsweise sollten Kohlenhydrate den größten Teil der Hauptnährstoffe ausmachen: Ernährungswissenschaftler empfehlen einen Kohlenhydratanteil von 60 Prozent an der gesamten Energieaufnahme. Im Durchschnitt werden aber nur 40 bis 45 Prozent der Energie durch Kohlenhydrate gewonnen und diese oftmals zu großen Teilen in Form von Zucker. Gute, stärkehaltige Kohlenhydratlieferanten sind insbesondere pflanzliche Lebensmittel wie Getreide oder Kartoffeln.

Zucker sollte unter den aufgenommenen Kohlenhydraten nur einen sehr geringen Teil ausmachen, da er für die Leistungsfähigkeit nicht so vorteilhaft ist wie Stärke: Stärkehaltige Lebensmittel werden vom Körper nur langsam abgebaut, halten dadurch länger satt und können über einen längeren Zeitraum Energie liefern.

Zucker geht dagegen sofort ins Blut über und verhilft dem Körper auf diese Weise zwar unmittelbar, aber nur kurzzeitig zu höherer Leistung. Zuckerbasierte Kohlenhydrate sollten daher nur bei körperlichen Belastungen von mehr als einer Stunde aufgenommen werden.

n Ausnahmesituationen, beispielsweise bei sehr kohlenhydratarmer Ernährung, greift der Körper zur Energiegewinnung nicht nur auf Fette und Kohlenhydrate zurück, sondern auch auf Eiweiße. Eigentliche Funkionen der **Proteine** sind jedoch Aufbau und Erhalt von Körperstrukturen und Wirkstoffen, also von Zellen, Enzymen und Hormonen.

So sind Proteine für eine Vielzahl an Prozessen im Körper unverzichtbar, beispielsweise für die Bildung von Muskelzellen oder zur Zellregeneration nach Verletzungen. Wichtig sind sie außerdem für die Bildung von Abwehrstoffen und Transportmitteln im Körper, wie zum Beispiel dem Hämoglobin, welches die roten Blutkörperchen für den Transport von Sauerstoff in die Körperzellen benötigen.

Damit Proteine diese Funktionen einwandfrei erfüllen können, sollten sie nicht für die Energiegewinnung verwendet werden; der Körper muss daher ausreichend Energie aus anderer Quellen – vorzugsweise den Kohlenhydraten – beziehen können.

TIPP

So optimieren Sie Ihre Kohlenhydrataufnahme:

- **Wählen Sie vermehrt Beilagen mit hohem Getreideanteil wie Vollkornnudeln oder ungeschälten bzw. Parboiled-Reis;**
- **(Vollkorn-)Brotscheiben dicker abschneiden, dafür dann aber dünner belegen;**
- **Obstsalate als Dessert beugen späteren Energietiefs und Heißhungerattacken vor.**

Generell sind Proteine aus tierischen Lebensmitteln hochwertiger als pflanzliche Eiweiße. Das bedeutet, dass tierisches Protein vom menschlichen Organismus besser verwertet werden kann. Da eiweißhaltige, tierische Produkte – insbesondere Fleisch – jedoch oft einen hohen Fettanteil haben, ist von der alleinigen Konzentration auf tierisches Eiweiß abzuraten. Optimal versorgt werden Sie bei Gerichten auf Kartoffel- und Eibasis oder mit einem Gemüsemix aus Mais und Bohnen.

Wie viel Eiweiß der eigene Körper benötigt, hängt im Wesentlichen von der individuellen Aktivität ab: Ein durchschnittlicher Erwachsener benötigt pro Kilogramm Körpergewicht rund 0,8 Gramm Proteine am Tag. Bei Sportlern liegt der Bedarf hingegen zwischen 1,2 und zwei Gramm je Kilogramm Körpergewicht. Im Normalfall wird dieser Bedarf durch die hierzulande recht fleischlastige Ernährungsweise gedeckt.

Doch auch wenn die Deckung des Eiweißbedarfs leicht ist, sollte darauf geachtet werden, in welcher Form die Proteine aufgenommen werden: Eiweiße bestehen aus sogenannten Aminosäuren – mehr als 20 sind in Lebensmitteln enthalten. Von diesen wiederum sind acht lebenswichtig und können vom Körper nicht selbst hergestellt werden, sodass eine ausreichende Versorgung durch eiweißreiche Lebensmittel unverzichtbar ist. Nicht jede Aminosäure ist in jedem eiweißhaltigen Lebensmittel enthalten und daher sind unterschiedliche pflanzliche und tierische Eiweißquellen empfehlenswert.

Vitamine

Der Mensch benötigt insgesamt 13 Vitamine, die in fett- und wasserlösliche Verbindungen unterschieden werden. Fettlöslich sind die Vitamine A, D, E und K. Zu den wasserlöslichen Stoffen zählen B_1, B_2, B_3, B_5,

B_6, B_7, B_9, B_{12} und C. Daneben gibt es noch Betakarotin. Dieses ist jedoch kein Vitamin im herkömmlichen Sinne, sondern als sogenanntes Provitamin nur die Vorstufe des Vitamin A.

Für den Menschen sind alle 13 Vitamine gleichermaßen lebensnotwendig. Diese müssen durch pflanzliche und tierische Lebensmittel zugeführt werden, da lediglich geringe Mengen der Vitamine D und B_3 vom Organismus selbst hergestellt werden können.

Im Körper erfüllen die Verbindungen ähnliche **Funktionen**. So beeinflussen sie als Bestandteile von Enzymen Stoffwechselprozesse und somit die Energieversorgung sowie die Leistungsbereitschaft des Körpers. Die Vitamine B_1, B_6, C und E unterstützen als sogenannte Antioxidantien zudem das Immunsystem. Sie schützen vor gesundheitsschädlichen Einflüssen wie Abgasen oder UV-Strahlung und damit vor Zellschäden sowie vor vorzeitigem Altern der Organe.

Eine gute Versorgung mit antioxidativen Vitaminen fördert Heilungsprozes-

se von Haut und Muskeln, weshalb diese Verbindungen besonders für Sportler wichtig sind.

Weitere Aufgaben einzelner Vitamine liegen in der Blutgerinnung (Vitamin K), der Bildung und Reifung roter Blutkörperchen (Vitamine B_9 und B_{12}), dem Kalziumstoffwechsel (Vitamin D) sowie in der Unterstützung des Nervensystems (Vitamin B_1), der Eisenaufnahme (Vitamin C) und des Sehvorgangs (Vitamin A).

Damit der Körper diese Funktionen optimal ausführen kann, werden täglich folgende Vitaminmengen benötigt:

Vitamin A (Retinol)	0,8 bis 1,0 Milligramm
Vitamin B_1 (Thiamin)	1,1 bis 1,5 Milligramm
Vitamin B_2 (Riboflavin)	1,3 bis 1,7 Milligramm
Vitamin B_3 (Niacin)	15 bis 19 Milligramm
Vitamin B_5 (Pantothensäure)	4 bis 7,0 Milligramm
Vitamin B_6 (Pyridoxin)	1,6 bis 2,0 Milligramm
Vitamin B_7 (Biotin)	0,03 bis 0,1 Milligramm
Vitamin B_9 (Folsäure)	0,18 bis 0,2 Milligramm
Vitamin B_{12} (Kobalamin)	0,002 Milligramm
Vitamin C (Ascorbinsäure)	60 bis 75 Milligramm
Vitamin D (Cholecalciferol)	0,5 Milligramm
Vitamin E (Tocopherol)	8 bis 10 Milligramm
Vitamin K (Phyllochinon)	0,065 bis 0,08 Milligramm

Werden dem Körper nur 80 Prozent des Tagesbedarfs zugeführt, sinkt die körperliche und geistige Leistungsfähigkeit. Schwäche, Müdigkeit und mangelnde Konzentration sind die Folgen. Bei einer Vitaminaufnahme von weniger als 80 Prozent kommt es zu stärkeren **Mangelerscheinungen** wie beispielsweise Veränderungen der Haut (wie etwa Entzündungen im Mundwinkel), schlechterer Wundheilung, Appetitlosigkeit, Nervosität oder Zahnfleischbluten.

Ein langfristiger Mangel an B_1 beeinträchtigt zudem die Herz-, Nerven- und Muskelfunktionen. Da sich die Symptome der einzelnen Vitaminun- terversorgungen ähneln, kann ein eventueller Mangel nur durch einen Bluttest festgestellt werden.

Gesundheitsgefährdend können jedoch auch **Überversorgungen** sein. Die Symptome können dabei denen eines Mangels ähneln: Müdigkeit, leichte Reizbarkeit und Hautschäden sind erste Anzeichen. Bei stärkeren Vitaminüberdosierungen können Übelkeit, Kopfschmerzen, Gehstörungen, Thrombosen oder eine ungewöhnlich starke Blutgerinnung auftreten.

Generell sind Überversorgungen jedoch seltener als Mängel und nicht bei allen Vitaminen möglich: Bei den B-Vitaminen – mit Ausnahme von B_3 und B_6 – sind bislang keine Überdosierungen bekannt. Und durch die alltägliche Ernährung sind Vitaminüberversorgungen nicht zu erreichen.

Gesundheitsgefährdend werden solche Vitaminmengen, die die empfohlene Tagesdosis mindestens um das Zehnfache übersteigen oder wenn die Vitaminzufuhr durch die regelmäßige Einnahme von Präparaten dauerhaft erhöht ist.

Mineralstoffe

Genau wie Vitamine können auch Mineralstoffe vom Körper nicht selbst hergestellt werden, weshalb eine ausreichende Versorgung durch Essen und Trinken notwendig ist.

Mineralstoffe werden in Mengen- und Spurenelemente unterschieden, was auf den täglichen Bedarf zurückzuführen ist: Zu den Mengenelementen zählen alle Mineralstoffe, von denen pro Tag mindestens 50 Milligramm pro Kilogramm Körpergewicht aufgenommen werden müssen; Spurenelemente benötigt der Organismus in geringerer Menge.

Bedeutend für die geistige und körperliche Fitness sind vor allem die Mengenelemente Magnesium, Kalzium und

Kalium sowie die Spurenelemente Zink und Eisen. Im Körper erfüllen sie unterschiedliche Funktionen.

Eisen ist Bestandteil des Blutfarbstoffs Hämoglobin und Basis für dieses Sauerstofftransportmittel. Da Fleisch und Fisch die besten Lieferanten des Spurenelements sind und Eisen aus tierischen Lebensmitteln vom Körper doppelt so gut verwertet wird wie jenes aus pflanzlichen Erzeugnissen, sind Vegetarier und Veganer oftmals unterversorgt.

Doch auch Jugendliche (aufgrund des Wachstums) und Frauen (aufgrund des Eisenverlusts während der Menstruation) leiden nicht selten un-

ter Mangelerscheinungen wie Schwäche oder geringer Leistungsfähigkeit. Im schlimmsten Fall kommt es zu einer Blutarmut, die mit medizinischen Präparaten behandelt werden muss.

Vermeiden lässt sich ein Mangel mit einer täglichen Eisenzufuhr von zehn Milligramm (Männer) bzw. 15 Milligramm (Frauen). Zu beachten ist dabei auch, welche Lebensmittel gleichzeitig verzehrt werden: Produkte mit Gerbsäuren (wie Kaffee, grüner und schwarzer Tee) hemmen die Aufnahme des Spurenelements; Produkte mit viel Vitamin C sowie milchsaure Erzeugnisse (wie Molke, Joghurt, Sauerkraut) verbessern hingegen die Aufnahme.

Magnesium und **Kalzium**
sind für Knochenaufbau sowie für An- und Entspannung
der Muskeln verantwortlich.
Mit einer täglichen Zufuhr
von 300 bis 350 Milligramm
Magnesium und 800 bis
1.000 Milligramm Kalzium
ist die einwandfreie Funkti-
onstüchtigkeit der Muskeln,
beispielsweise beim Sport,
gewährleistet.

Während vor allem pflanzliche
Lebensmittel wie Sonnenblumenkerne oder Haferflocken
reich an Magnesium sind, fin-
det sich Kalzium besonders in
Milcherzeugnissen. Dadurch
tritt Kalziummangel nicht all-
zu häufig auf – betroffen sind
vor allem Veganer, schwange-
re und stillende Frauen sowie
Senioren.

Ursachen eines Kalziummangels
liegen oft auch in Darmkrankheiten
oder Bewegungsmangel, die den
Kalziumanteil im Körper senken
bzw. die Aufnahme des Minerals
hemmen. Erste Anzeichen einer
Unterversorgung sind brüchige Nä-
gel und trockene Haut, da Kalzium
auch in den Zellen der obersten
Hautschicht vorkommt. Bei längerer
Unterversorgung kann es zu Knochenschwund und Muskelkrämpfen
kommen.

Magnesiummangel macht sich hingegen durch zitternde Hände, verringer-
te Leistungsfähigkeit, Muskelzuckun-
gen oder -krämpfe bemerkbar. In
diesem Fall sind Magnesiumpräparate
oder mineralhaltiges Wasser nützlich.
Die zusätzliche Zufuhr muss allerdings über einen längeren Zeitraum
erfolgen, da Magnesium nur langsam
von den Muskeln aufgenommen wird.
Direkt vor starker Beanspruchung der
Muskulatur hat eine erhöhte Magnesi-
umzufuhr daher keinerlei Wirkung.

Kalium unterstützt die geistige und körperliche Fitness durch die Übertragung von Impulsen innerhalb des Nervensystems. Weiterhin gewährleistet es den optimalen Transport des Hormons Insulin, welches wiederum den Blutzuckerspiegel senkt. Dafür benötigt der Körper täglich etwa 2.000 Milligramm Kalium, die er aus einer Vielzahl pflanzlicher Lebensmittel bezieht. Besonders viel enthalten Bananen, Rosenkohl und Hülsenfrüchte.

Ein Mangel wird meist durch entwässernde Medikamente, Magen-Darm-Erkrankungen oder starkes Schwitzen hervorgerufen. Symptome können Übelkeit, Verdauungsbeschwerden, allgemeine Unlust, Muskelschwäche oder gar Muskellähmung sein. Da Kalium die Herztätigkeit beeinflusst, führt eine längere Unterversorgung des Körpers unter Umständen sogar zu Herzrhythmusstörungen.

Zink bindet das blutzuckersenkende Insulin. Beteiligt ist das Spurenelement auch am Zellschutz, an der Wundheilung sowie am Kohlenhydratstoffwechsel. Obwohl der Körper täglich nur rund zehn Milligramm Zink benötigt, wird dieser Bedarf nur selten gedeckt. Folgen sind Haarausfall, Appetitlosigkeit, schlechte Wundheilung, schwache Muskeln und Hauterkrankungen.

Mit Käse (vor allem Edamer) und Austern kann der tägliche Bedarf jedoch leicht gedeckt werden. Unterstützt wird die Aufnahme durch den gleichzeitigen Verzehr von Nahrungsmitteln, die reich an Proteinen oder Vitamin C sind. Von Kaffee und Tee ist während der Zinkaufnahme abzuraten.

Bioaktive Substanzen

Bioaktive Substanzen sind Stoffe, die Gesundheit und Wohlbefinden unterstützen, im Gegensatz zu Nährstoffen jedoch nicht lebensnotwendig sind. Die bekanntesten bioaktiven Substanzen sind Ballaststoffe. Daneben umfassen bioaktive Substanzen auch sekundäre Pflanzenstoffe und **Stoffe fermentierter Lebensmittel**.

Bestimmte Functional-Food-Produkte, wie zum Beispiel probiotische Joghurts, basieren insbesondere auf den zuletzt genannten Stoffen: Durch Gärung entsteht Milchsäure, die cholesterinsenkend, antibakteriell und sogar krebsvorbeugend wirkt. Milchsauer vergorene Lebensmittel wirken sich insbesondere auf die Darmgesundheit positiv aus: Die Aktivität bakterieller Enzyme wird gehemmt und das Risiko einer Tumorbildung im Dickdarm reduziert.

TIPP

Unter Fermentierung versteht man die Umwandlung von Stoffen durch Enzyme, Bakterien oder Pilze. Die so entstandenen bioaktiven Substanzen werden dann in Probiotika sowie in Prebiotika unterschieden.
Probiotika sind Mikroorganismen, die die Darmflora positiv beeinflussen und vor krankheitserregenden Keimen schützen. Die Prebiotika sind Substanzen, die das Wachstum der Probiotika im Darm unterstützen und ihnen als Nahrungsgrundlage dienen.

dene Stoffe, die unterschiedliche Effekte auf den menschlichen Organismus haben.

So konnte beispielsweise bei allen eine krebsrisikosenkende Wirkung festgestellt werden. Etliche, wie zum Beispiel die Karotinoide, wirken sich zudem positiv auf den Cholesterinspiegel aus und sind reich an Antioxidantien. Diese fangen sogenannte freie Radikale, die beispielsweise durch UV-Strahlung, Abgase oder aber – bedingt durch den höheren Stoffwechsel – auch beim Sport entstehen und den Körperzellen schaden. Die

Sekundäre Pflanzenstoffe finden sich in allen Obst- und Gemüsesorten. Einerseits wirken sie als Duft- und Geschmacksstoffe und beeinflussen so die Lebensmittelauswahl des Menschen, andererseits hat die Vielzahl an Stoffen unterschiedliche gesundheitsfördernde Wirkungen. Dadurch sind sekundäre Pflanzenstoffe häufig Basis für Arzneimittel.

Zu der Vielzahl sekundärer Pflanzenstoffe gehören unter anderem Karotinoide, Sulfide und Phytinsäure. Insgesamt finden sich in der Nahrung des Menschen 5.000 bis 10.000 verschie-

antioxidative Wirkung der sekundären Pflanzenstoffe kann hiervor nicht nur schützen, sondern bereits angegriffene Zellen auch regenerieren.

Weiterhin beugen sekundäre Pflanzenstoffe Infarkten, Thrombosen und einer Verkalkung der Blutgefäße vor, stärken das Immunsystem, senken Blutdruck und Blutzuckerspiegel. Sulfide und Polyphenole (Phenolsäuren, Flavonoide) wirken als einzige sekundäre Pflanzenstoffe auch entzündungshemmend und sind daher gerade zur Regeneration nach Verletzungen bedeutend. Flavonoide unterstützen zudem die geistige Fitness: Sie beeinflussen das Nervensystem positiv und steigern so kognitive Fähigkeiten wie Aufmerksamkeits-, Erinnerungs- und Lernvermögen.

Neben sekundären gibt es auch **primäre Pflanzenstoffe**. Dabei handelt es sich um Ballaststoffe, Fette und Eiweiß. Da Lipide und Proteine jedoch lebensnotwendig sind, zählen lediglich Ballaststoffe zu den bioaktiven Substanzen. Sie werden in wasserlösliche und wasserunlösliche Ballaststoffe unterschieden und generell nur schwer verdaut. Die wasserlöslichen Stoffe können jedoch etwas leichter abgebaut und so zu Fettsäuren umgewandelt werden.

Als bioaktive Substanzen sind die **Ballaststoffe** zwar nicht lebensnotwendig, für einen fitten und gesunden Körper ist eine Menge von 30 bis 40 Gramm pro Tag jedoch ratsam: Durch Anregung der Darmtätigkeit und Stärkung der Darmflora sorgen Ballaststoffe für eine gesunde Funktion des Organs. Daneben regulieren sie den Blutzuckerspiegel und ermöglichen so eine relativ konstante Leistung des Körpers.

Durch die schwere Verdaulichkeit der Ballaststoffe stellt sich ein lang anhaltendes Sättigungsgefühl ein. Lebensmittel, die reich an diesen Substanzen sind, haben zudem oft einen hohen Gehalt an Kohlenhydraten. Diese werden durch die verlangsamte Verdauung verzögert in den Blutkreislauf aufgenommen und stehen den Muskel-, Hirn- und Nervenzellen somit über einen langen Zeitraum zur Verfügung.

Richtiges Trinken

Wasser macht mit rund 60 Prozent den Hauptbestandteil des menschlichen Körpers aus. Für die Gesundheit ist es daher ebenso wichtig wie die Nährstoffe. Nur wenn der Körper ausreichend mit Flüssigkeit versorgt wird, können die einzelnen Stoffe innerhalb des menschlichen Organismus auch transportiert und gelöst werden.

Die beste Nährstoffversorgung nützt also wenig, wenn nicht ausreichend getrunken wird. Pro Tag benötigt der Körper zwei bis 2,5 Liter Wasser. Mindestens 1,5 Liter müssen durch Trinken zugeführt werden. Die übrige Flüssigkeit bezieht der Körper aus Nahrung und Stoffwechsel: Durch Verbrennung von Fetten, Kohlenhydraten und Proteinen wird Wasser freigesetzt.

Der individuelle Flüssigkeitsbedarf hängt von Körpergewicht, Temperatur und dem Grad der körperlichen Aktivität ab: Je höher Gewicht, Lufttemperatur und körperliche Anstrengung sind, desto mehr Wasser wird benötigt. Bei normaler körperlicher Belastung sollten pro Kilogramm Körpergewicht etwa 30 bis 40 Milliliter Flüssigkeit aufgenommen werden.

Daneben spielt Wasser eine Rolle in der Regulation der Körperwärme. Es schützt (durch die Schweißproduktion) vor Überhitzung, etwa bei hohen Temperaturen oder beim Sport. In einer Stunde intensiver körperlicher Aktivität werden ein bis 1,5 Liter Wasser in Form von Schweiß abgegeben. Dieser Verlust muss ausgeglichen werden. Für jede Stunde starker körperlicher Anstrengung sollte ein Liter zusätzlich zur täglichen Flüssigkeitszufuhr getrunken werden.

TIPP

Tipps für „besseres" Trinken:
- Zu jeder Mahlzeit mindestens ein Glas Wasser oder Saft trinken.
- Immer etwas zu trinken im Blickfeld haben. So sollte beispielsweise im Büro ein volles Glas oder eine Flasche griffbereit auf dem Tisch stehen; das erinnert Sie daran, zu trinken.
- Tragen Sie unterwegs immer eine Flasche Mineralwasser oder Saft mit sich, vor allem im Sommer.
- Führen Sie ein Trinktagebuch, in dem Sie täglich notieren, was und wie viel Sie getrunken haben.
- Die körpereigenen Signale für Hunger und Durst sind ähnlich. Nicht immer benötigt der Körper bei Appetitgefühl daher etwas zu essen.

führen kann. Weitere Symptome können körperliche Schwäche, Übelkeit, Konzentrationsprobleme, Müdigkeit, Schwindelgefühle, leichte Reizbarkeit oder Atemnot sein. Auch Kopfschmerzen und sogar Migräne werden häufig durch eine zu geringe Flüssigkeitsversorgung ausgelöst.

Wer dauerhaft zu wenig trinkt, gefährdet zudem die Funktion der Nieren; über diese werden ungesunde Stoffwechselabbauprodukte ausgeschieden, der Körper wird also entgiftet. Starkes Durstgefühl ist bereits ein Warnsignal dafür, dass den Nieren nicht ausreichend Wasser zur Verfügung steht, damit können sie ihre Aufgaben nicht erfüllen.

Deutlich spürbar wird ein Wassermangel durch Trockenheit in Mund und Rachen, was zu Halsschmerzen

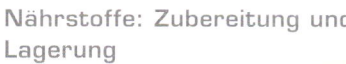

Nährstoffe: Zubereitung und Lagerung

Eine nicht zu unterschätzende Rolle spielen Lagerung und Zubereitung von Lebensmitteln. Vitamine und Mineralstoffe reagieren empfindlich auf Temperatur, Feuchtigkeit, Sauerstoff und Licht. Je heller, feuchter und wärmer die Umgebung, desto höher sind in der Regel die Nährstoffverluste. Besonders Obst und Gemüse sollten daher kühl gelagert werden und keiner direkten Sonneneinstrahlung ausgesetzt sein.

Es gibt jedoch Ausnahmen, denen zu niedrige Temperaturen nicht gut tun. So sollten Tomaten und Gurken nicht unter zehn Grad, Kartoffeln nicht unter fünf Grad aufbewahrt werden. Süd- und Zitrusfrüchte (beispielsweise Ananas, Grapefruits oder Mangos) behalten ihre Nährstoffe am besten bei Zimmertemperatur.

Ähnliches gilt für die Luftfeuchtigkeit: Generell sollten Lebensmittel trocken gelagert werden, einige Gemüsesorten (vor allem Salate) benötigen jedoch eine gewisse Feuchtigkeit und sollten daher nur gut verpackt im Kühlschrank

stoffe (etwa Kalium) sind leicht was-
serlöslich. Die Lebensmittel daher nur
mit wenig Wasser reinigen und kei-
nesfalls in ein Wasserbad legen.

Schälen sowie Schneiden setzt bei Lebensmitteln mehr Fläche frei, die
Sauerstoff ausgesetzt ist und folglich
schneller verdirbt. Zudem stecken in
und direkt unter der Schale die meisten Nährstoffe. Schälen sollte man die
Nahrungsmittel deshalb nur dann,
wenn es wirklich notwendig ist (wie
bei Zitrusfrüchten).

aufbewahrt werden, um Verdunstung
und damit Austrocknung zu vermeiden. Im Idealfall werden Obst und Gemüse kurz nach dem Einkauf gegessen, da der Nährstoffgehalt dann am
höchsten ist.

Bei der Verarbeitung von Fleisch,
Obst und Gemüse gilt: Erst kurz vor
der Zubereitung zerkleinern und waschen. Etliche Vitamine und Mineral-

Bei der weiteren Zubereitung ist zu
beachten, dass das Gemüse nicht zu
stark erhitzt wird. Statt es in viel Wasser zu kochen, ist es ratsam, zu dünsten oder zu dämpfen. Auch gegrilltes
Gemüse und Fleisch verliert weniger
Nährstoffe als wenn sie gekocht oder
gebraten würden.

Nach der Zubereitung sollte das Essen nicht länger als nötig warm gehalten werden, da durch die anhaltende Wärme weitere Nährstoffe verloren gehen. Stattdessen die Speisen rasch abkühlen lassen und bei späterem Bedarf neu erhitzen.

Spezielle Nahrungsmittel und -ergänzungen

Wie bereits erläutert, lässt sich der körpereigene Bedarf an Nährstoffen nicht immer durch die alltägliche Ernährung decken oder die Aufnahme kann durch andere Stoffe oder Krankheiten gehemmt werden. Diverse Speziallebensmittel sowie Mineralstoff- und Vitaminpräparate versprechen eine bessere Versorgung. Doch inwieweit können solche Produkte dem Wohlbefinden nützen?

Fitness-, Light- und Functional Food

Dass die Ernährung einen entscheidenden Einfluss auf Fitness und Gesundheit hat, ist bekannt. Sogenannte Light-, Fitness- und Functional-Food-Produkte sollen dabei helfen, den Körper schnell und relativ einfach in Form zu bringen.

Als **„light"** oder **„leicht"** dürfen dabei nur Lebensmittel bezeichnet werden, deren Energie- bzw. Nährstoffgehalt mindestens 30 Prozent niedriger ist als der vergleichbarer „konventioneller" Erzeugnisse.

Typische Lightprodukte verzichten meist auf Zucker oder Fett und verwenden stattdessen andere Süßstoffe bzw. modifizierte Stärke. Die versprochene Wirkung können solche Lebensmittel jedoch nur dann mit sich bringen, wenn das restliche Ernährungsverhalten gleich bleibt, man also nicht mehr verzehrt.

Fitnessprodukte richten sich hingegen an Sportler und sollen den Trainingserfolg fördern. In der Regel basieren diese auf ballaststoffreichen

TIPP
Rund 50 Prozent der Vitamine C und B$_9$ (Folsäure) gehen beim herkömmlichen Kochen verloren.

Zu beachten ist auch, dass der Körper nicht überversorgt wird. Insbesondere bei Proteinprodukten ist mehr nicht automatisch besser. Wird dem Körper mehr Eiweiß zugeführt als er benötigt, wird dies entweder zur Gewinnung von Energie genutzt oder aber als Fett gespeichert.

Zudem sollten die Inhaltsstoffe näher unter die Lupe genommen werden: Ein Fitnessprodukt ist nur dann wirklich effektiv und empfehlenswert, wenn es auf weniger gesunde Stoffe wie Zucker weitestgehend verzichtet.

Lebensmitteln oder zusätzlichen Proteinen. Die Palette der Fitnesslebensmittel reicht von speziellem Müsli über isotonische Getränke bis hin zu Proteinshakes.

Die tatsächliche Wirkung solcher Produkte ist zwar bislang nicht ausreichend erforscht, jedoch spricht grundsätzlich auch nichts gegen den Verzehr. Fitness Food kann dabei aber nur unterstützend eingesetzt werden – das Training oder eine gute Nährstoffversorgung durch abwechslungsreiche Ernährung ersetzen derartige Lebensmittel nicht.

Besonders zugenommen hat in den vergangenen Jahren das Angebot sogenannter **Functional Foods**. Diese zielen auf eine Verbesserung der Gesundheit ab und sind hierfür meist mit zusätzlichen Substanzen angereichert. Die bekanntesten Vertreter dieser funktionellen Lebensmittel sind probiotische Joghurts, die auf den bereits beschriebenen bioaktiven Substanzen basieren und die Darmgesundheit fördern.

Aber auch ACE-Säfte, die einen erhöhten Vitaminanteil haben, zählen zum Functional Food. Diverse Studien konnten die präventive Wirkung verschiedener funktioneller Nahrungsmittel bestätigen. Doch genau wie für die Fitnessprodukte gilt auch hier, dass sie nur als zusätzliche Nährstoffquelle dienen können und herkömmliche Lebensmittel nicht ersetzen.

Nährstoffpräparate und Nahrungsergänzungsmittel

Während es sich bei Fitness-, Light- und Functional Food um Lebensmittel handelt, sind Nährstoffpräparate und Nahrungsergänzungsmittel Kapseln, Brausetabletten oder Pulver, die Nährstoffe in konzentrierter Form enthalten. Hierbei muss dann noch zwischen medizinischen (und damit verschreibungspflichtigen) und frei erhältlichen Präparaten unterschieden werden.

Erstere weisen eine deutlich höhere Wirkstoffkonzentration auf und dürfen daher nur bei ärztlich nachgewiesenen Mangelerscheinungen verabreicht werden. Frei erhältliche Ergänzungsmittel, die beispielsweise in Drogerien zu erwerben sind, haben eine sehr geringe Dosierung und sollen vorbeugend wirken sowie leichte Mangelerscheinungen ausgleichen.

TIPP

Gegen die generelle Einnahme von Nahrungsergänzungsmitteln oder Lebensmitteln mit speziellem Nutzen für Gesundheit und Fitness spricht nichts, solange es sich um geringe Mengen handelt. Letztlich können jedoch weder Speziallebensmittel noch Präparate eine ausgewogene Ernährung ersetzen.

Wer trotz ausgewogener Ernährung leichte Symptome eines Mangels feststellt oder bedingt durch Sport viele Mineralstoffe über den Schweiß abgibt, kann Nährstoffpräparate ergänzend einsetzen. Trotz ihrer niedrigen Konzentration sollten sie aber nur in Maßen verwendet werden, da andernfalls eine ungesunde Überversorgung mit dem jeweiligen Stoff eintreten kann.

Folgen falscher Ernährung

Wer sich einseitig ernährt, zu viel oder zu wenig isst, tut seiner Gesundheit und seiner Fitness nichts Gutes. Zum einen führt eine Unterversorgung mit Nährstoffen zu verringerter körperlicher und geistiger Leistungsfähigkeit, zum anderen kann es zu Kurz- oder auch Langzeitfolgen für die Gesundheit kommen.

Dies können die bereits dargelegten Mangelerscheinungen mit Symptomen wie Müdigkeit oder Krämpfen sein, aber auch Krankheiten wie Osteoporose (Knochenschwund) oder Diabetes mellitus. Insbesondere bei Diäten sollte darauf geachtet werden, dass der Körper weiterhin mit ausreichend Mineralstoffen und Vitaminen versorgt wird.

Nicht nur Unterversorgung schadet, sondern auch das Gegenteil: Wer seinem Körper mehr gibt, als dieser benötigt, kann ähnliche Symptome wie bei Mangelerscheinungen aufweisen. Bei einer Überversorgung an Mineralstoffen und Vitaminen sind vor allem Organe (insbesondere das Herz) und Blutgesundheit gefährdet. Ein Über-

TIPP

Herz-Kreislauf-Beschwerden sind nicht selten Folge einer falschen Ernährung. Und sogar eine Vielzahl an Krebserkrankungen kann hierauf zurückgeführt werden.

schuss an Mineralstoffen kann sogar giftig sein. Solche toxischen Dosen werden jedoch selten durch die herkömmliche Ernährung erreicht, sondern zumeist nur durch die zu hoch dosierte Einnahme von Präparaten.

Daneben wirkt sich eine Überernährung auf den körpereigenen Fettanteil aus, was Erkrankungen wie Bluthochdruck oder Stoffwechselstörungen zur Folge haben kann. Starkes Übergewicht bis hin zur Fettleibigkeit (Adipositas) verringert zudem die Lebenserwartung um bis zu sieben Jahre.

Eine gute Nährstoffversorgung hängt neben der Auswahl der Lebensmittel auch von Erkrankungen (etwa Morbus Crohn, Diabetes mellitus, Nierenerkrankungen) und Essgewohnheiten ab. Wird in Stressphasen oder emotional aufreibenden Situationen gerne „aus Frust" gegessen? Essen als Seelentröster oder Selbstbelohnung einzusetzen, mag kurzzeitig die Stimmung heben, wirkt sich langfristig aber negativ aus, da der plötzliche Überschuss als Fett gespeichert wird.

Auch der nächtliche Gang zum Kühlschrank ist ein Symptom für falsche Ernährung: Wird der Körper tagsüber nicht mit dem versorgt, was er benötigt, macht sich dies am Ende des Tages bemerkbar. Unregelmäßi-

TIPP

Wer sich über längere Zeit schlapp oder müde fühlt, unter Herz- oder Blutdruckbeschwerden leidet, sollte sich auf Mangelerscheinungen oder Nährstoffüberversorgung untersuchen lassen, um eventuelle Langzeitfolgen zu vermeiden.

ges und vor allem auch nächtliches Essen widerspricht zudem dem eigenen Biorhythmus und fördert Übergewicht. Irgendwann gewöhnt sich der Körper dann sogar an die nächtliche Energiezufuhr, was dazu führen kann, dass man ohne den Mitternachtssnack nicht ein- oder durchschlafen kann. Das stört die wichtige Erholungsphase, die der Körper braucht, um fit für den nächsten Tag zu sein, empfindlich.

Zudem sind Vollkornwaren reicher an dem für Nerven, Knochen und Muskeln wichtigen Magnesium. Weitere Vorteile der Vollkornwaren liegen im hohen Anteil der gesünderen, mehrfach ungesättigten Fettsäuren sowie im hohen Ballaststoffgehalt. Letzterer unterstützt die Darmgesundheit und hält lange satt.

Quinoa ist ein getreideähnliches Lebensmittel, das sich besonders positiv auf die Fitness auswirkt. Die Körner der südamerikanischen Pflanze werden wie Reis gekocht oder zu Mehl verarbeitet. Neben den Nährstoffen herkömmlicher Getreidearten weist Quinoa auch viel Kalzium, Eiweiß, Zink und Vitamin E auf. Das fördert Knochengesundheit, Muskelaufbau sowie Zellschutz.

Mit den richtigen Lebensmitteln fit werden

Bestimmte Lebensmittel sind besonders reich an Nährstoffen und können dadurch körperliche wie geistige Fitness optimal unterstützen.

Ganz oben auf der Liste Ihrer Fitnessnahrung sollten **Vollkornprodukte** stehen. Reis, Nudeln und Brot aus ganzem Korn haben einen deutlich höheren Gehalt an B-Vitaminen als die sogenannten Mehlkörperprodukte (geschälter Reis, Weißbrot etc.). Das sorgt für einen verbesserten Stoffwechsel von Eiweißen, Fetten und Kohlenhydraten und unterstützt somit eine höhere Leistungsfähigkeit.

Regelmäßig auf dem Speiseplan sollten **Hülsenfrüchte** stehen. Mit Ausnahme der Sojabohnen sind alle Sorten fettarm, aber reich an Ballaststoffen und Kohlenhydraten. Das macht sie zum idealen Energielieferanten mit hohem Sättigungsfaktor. Durch den hohen Proteingehalt fördern Erbsen, Linsen und Bohnen den Muskelaufbau sowie die Regeneration der Zellen.

Da Hülsenfrüchte von allen pflanzlichen Lebensmitteln den größten Eiweißgehalt haben, können sie bei Vegetariern und Veganern einem Proteinmangel vorbeugen. Zudem sind sie reich an den Vitaminen C, E, K sowie den B-Vitaminen (außer B_{12}). Das sorgt für einen gesunden Stoffwechsel und schützt vor zellschädigenden freien Radikalen.

Ein idealer Snack für zwischendurch sind **Mandeln** und **Nüsse**. Mit Ausnahme der Kokosnuss enthalten sie ein- und mehrfach ungesättigte Fettsäuren, was sie zu gesunden Energielieferanten macht. Wie Hülsenfrüchte sind auch Nüsse und Mandeln reich an den für Stoffwechsel und Immunabwehr wichtigen B-Vitaminen und Vitamin E.

Mit ihrem hohen Gehalt an Kalium, Magnesium und Zink fördern sie zudem die Zellregeneration, beugen Herzerkrankungen, einem hohen Blutzuckerspiegel sowie Unruhe vor.

Mehr als eine Handvoll (ca. 100 bis 200 Gramm) Mandeln oder Nüsse pro Tag sollten jedoch nicht gegessen werden.

Vitaminreich, und damit wichtig für Stoffwechsel und Immunsystem, ist Obst. Besonders Fitness fördernd sind **Kirschen**, **Bananen**, **Ananas** und **Avocado**. Sie enthalten viele sekundäre Pflanzenstoffe, wodurch sie Zellschäden, die auch beim Sport entstehen können, vorbeugen. Kirschen wie Bananen sind zudem reich an Kalium und wirken dadurch entwässernd. Der hohe Magnesiumgehalt macht Bananen dabei auch zu einer guten Nervennahrung bei starker Anstrengung.

In der Ananas stecken hingegen viel Vitamin C, Betakarotin und Eisen. Dadurch fördert die Frucht neben den Abwehrkräften vor allem die Sauerstoffversorgung der Zellen. Das ebenfalls enthaltene Enzym Bromelain ist für die Spaltung von Eiweißen zuständig und regt so die Verdauung an.

Eine fetthaltige Frucht ist die Avocado, doch handelt es sich hier vorwiegend um mehrfach ungesättigte (und damit gute) Fettsäuren. Zudem weist sie viel Vitamin B_6, Vitamin E, Kalium und Magnesium auf, wodurch sie zu Schutz und Wiederherstellung von Zellen sowie zur gesunden Funktion des Nervensystems maßgeblich beiträgt. Das wirkt sich wiederum positiv aus bei geistiger und körperlicher Anstrengung sowie auf die Erholungsphase nach dem Training.

Gute Eiweißlieferanten – und damit wichtig für die Körperstrukturen – sind **Geflügel** und **Fisch**. Pute und Huhn sind aufgrund ihres geringen Fettgehaltes eine gesündere Alternative zu Rind- und Schweinefleisch.

Fettreicher Fisch wie Lachs besitzt neben Proteinen auch hohe Mengen der mehrfach ungesättigten Omega-3-Fettsäuren und fördert so die Regeneration nach dem Sport sowie die optimale Aufnahme der Vitamine in den Blutkreislauf.

Die besten Lieferanten des für Knochen und Wundheilung wichtigen Kalziums sind **Milchprodukte**. Milchsauer vergorene Produkte wie Joghurt, Kefir und Molke enthalten zudem Pre- und Probiotika, die die Darmgesundheit fördern.

Ausgesprochen reich an Vitaminen (A, B_{12}, C, E), Ballast- und Mineralstoffen (besonders Eisen und Kalzium) sind **Algen**: Ihr Vitamin- und Nährstoffgehalt ist insgesamt höher als bei den meisten Landpflanzen und optimiert so viele körpereigene Funktionen, beispielsweise Stoffwechsel und Wundheilung. In Kombination mit dem geringen Fettgehalt und der langen Sättigung sind Algen ein hervorragendes Fitnesslebensmittel.

Was sonst noch fit hält

Eine ausgewogene Nährstoffversorgung ist zwar essenziell, um optimale körperliche und geistige Leistungen erbringen zu können, doch gibt es noch weitere Faktoren, durch die Gesundheit, Fitness und Wohlbefinden beeinflusst werden.

Fitness durch Sport

Wer fit werden und bleiben möchte, kommt um Sport, das heißt um ausreichend Bewegung, nicht herum. Nur dann können schließlich Muskeln aufgebaut werden, die zum Ausüben aller Tätigkeiten nötig sind. Gleichzeitig wird während der Belastung das Herz-Kreislauf-System trainiert, was für alle Abläufe im Körper von Bedeutung ist.

Insbesondere Ausdauersportarten aktivieren zudem den Fettstoffwechsel und verbessern die Hunger-Sättigungs-Regulation. Regelmäßiger Sport wirkt sich aber nicht nur auf den Körper aus, sondern auch auf die Seele: Während des Trainings schüttet der Körper Hormone aus, welche die Laune heben und antidepressiv wirken. Weiterhin verbessert regelmäßiger Sport die Konzentrationsfähigkeit und fördert einen gesunden, erholsamen Schlaf. Das gilt selbst bei niedrigen Trainingsintensitäten.

Wie viel Sport ist gesund?

Generell gilt: Je mehr Bewegung, desto besser. Tägliches Training sollte jedoch vermieden werden, da der Körper (und dabei insbesondere die Muskulatur) nach starker körperlicher Belastung Zeit zur Regeneration benötigt. Optimal sind drei bis vier Trainingseinheiten pro Woche mit je einem sportfreien Erholungstag dazwischen. Länge und Intensität sollten dabei individuell auf die eigene Fitness abgestimmt sein – wer mit Sport beginnt, muss nicht über zwei Stunden durchgehend hohe Leistung erbringen.

TIPP

Grundvoraussetzung für den Erfolg ist regelmäßiges Training. Selbst vier Stunden Bewegung am Stück können die Fitness nicht optimieren, wenn anschließend sechs oder sieben Tage lang gar kein Sport getrieben wird.

Zwanghaft exzessiv zu trainieren, obwohl sich Ermüdungen oder andere Beschwerden zeigen, schadet mehr, als es nützt. So können bei zu langer und zu häufiger Überbeanspruchung Muskeln, Sehnen und Knochen stark belastet und geschädigt werden. Mit zunehmender Leistungsfähigkeit können und sollten Länge wie Intensität des sportlichen Trainings Stück für Stück gesteigert werden.

Die richtige Sportart finden

Zur Verbesserung der körperlichen und auch geistigen Fitness ist prinzipiell jeder Sport geeignet. Bei der Wahl einer bestimmten Sportart spie-

auch geistige Fähigkeiten werden hingegen beim **Golf** und beim **Bogenschießen** trainiert, da es hier auf Konzentration und Präzision ankommt.

Wichtig ist jedoch auch der eigene Spaßfaktor: Nur wer sein Training gerne ausübt, ist motiviert. Wer die regelmäßige und gezielte Bewegung hingegen nur mit Anstrengung oder Zwang verbindet, wird auf Dauer nicht bei dieser Sportart bleiben.

Daneben sollten regionale Gegebenheiten bei der Wahl der Sportart berücksichtigt werden. Wenn Sie zur Ausübung Ihres Trainings jedes Mal erst eine Stunde mit Bus, Bahn oder Auto unterwegs sind, kostet das nicht nur Zeit, sondern senkt auch schnell die Motivation.

len daher persönliche Vorlieben und Ziele eine wichtige Rolle. Wer eine gute Ausdauer hat und lediglich Muskelmasse aufbauen will, für den ist wohl **Kraftsport** das Beste. Zur Verbesserung des Herz-Kreislauf-Systems eignen sich vor allem Ausdauersportarten wie **Joggen**, **Aerobic** oder **Fahrradfahren**.

Wer keine speziellen Muskelpartien trainieren möchte, sondern ein Ganzkörpertraining sucht, für den sind Sportarten wie **Klettern**, **Tae-bo**, **Pilates** oder **Yoga** ideal. Gelenkschonend sind **Schwimmen**, **Qigong** und **Tai-Chi**. Nicht nur körperliche, sondern

Einfluss der Ernährung auf den Trainingserfolg

Je mehr man trainiert, desto mehr muss der Körper mit Nährstoffen und Flüssigkeit versorgt werden, die er beispielsweise durch Transpiration abgibt. Die richtige Versorgung beschränkt sich dabei nicht nur auf die Mahlzeiten, sondern betrifft auch die Trainingsphase selbst.

Die Pausen innerhalb einer Trainingseinheit sollten unbedingt zum Trinken genutzt werden, um dem Körper verlorene Flüssigkeit zurückzugeben sowie die Zufuhr und den Transport von Nährstoffen zu gewährleisten. Mineralwasser ist hier in der Regel ausreichend. Wer Leistungssport betreibt oder über mehrere Stunden intensiv trainiert, kann seinen Vitamin- und Mineralstoffhaushalt aber auch mit Säften, ungesüßten Saftschorlen oder isotonischen Getränken auffüllen.

Zum Training selbst sollte man nie mit leerem Magen gehen, aber auch nicht direkt vorher gegessen haben. Optimal sind ein bis drei Stunden zwischen Mahlzeit und Training. Am Tag vor dem Training empfiehlt sich eine erhöhte Kohlenhydratzufuhr sowie eine reduzierte Fettaufnahme, um genug Energie für die körperliche Belastung zu haben. Erst unmittelbar vor dem Sport komplexe Kohlenhydrate aufzunehmen, nützt hingegen wenig,

TIPP

Tipps zur Verbesserung des Trainings und des Trainingserfolges:

- **Planen Sie Ihre Trainingseinheiten fest in die Woche ein.**
- **Setzen Sie sich ein konkretes Ziel, wie eine Laufstrecke in einer bestimmten Zeit zu absolvieren.**
- **Am leistungsfähigsten ist Ihr Körper von 10 bis 12 Uhr sowie zwischen 17 und 20 Uhr.**
- **Gründliches An- und Ausdehnen ist wichtig, um Muskelschäden vorzubeugen, Sehnen und Bindegewebe zu stärken sowie eine bessere Beweglichkeit zu ermöglichen.**
- **Abwechslung motiviert! Variation von Trainingsablauf und Sportart verhindert Eintönigkeit.**

da diese nur langsam vom Körper verarbeitet werden und somit erst nach etwa einem halben Tag zur Verfügung stehen.

Ähnliches gilt für die Zeit nach dem Training: Durch die beim Sport benötigte Energie müssen die Kohlenhydratspeicher des Körpers aufgefüllt werden, weshalb die Ernährung kohlenhydratreich ausfallen sollte. Auf Fett und Alkohol sollte nach sportlicher Anstrengung verzichtet werden, da beides den Regenerationsprozess verlangsamt.

Zur Unterstützung des Muskelaufbaus sollten eiweißhaltige Mahlzeiten idealerweise rund drei Stunden vor dem Training gegessen werden, Proteinshakes oder ähnliche Eiweißkonzentrate etwa eine Stunde vorher. Dabei sollte die erhöhte Proteinzufuhr jedoch nicht durch einen größeren Fleischkonsum erfolgen, da so die Fettzufuhr gleichermaßen gesteigert wird.

Der Regenerationsprozess des Körpers nach dem Sport lässt sich durch magnesium- oder zinkhaltige Lebensmittel unterstützen. Wer daneben auch Krämpfen und Muskelrissen vorbeugen möchte, sollte zusätzlich vor dem Training die Kalziumzufuhr erhöhen. Während des Sports auftretende Krämpfe lassen sich mit natriumhaltigen Lebensmitteln (zum Beispiel Salzstangen) lindern.

Entspannung als Quelle für mehr Fitness

Neben ausgewogener Ernährung und Sport zählen auch körperliche wie geistige Erholung zu einer gesunden, fitnesssteigernden Lebensweise. Der

Körper benötigt Ruhephasen, um sich zu regenerieren – das gilt für Alltag und Sport. Wer trotz Verletzung oder Krankheit trainiert, schadet sich nur, da der Körper keinerlei Möglichkeit hat, die Verletzung oder Krankheit zu heilen. Stattdessen wird er weiterstrapaziert, was unter Umständen zu einer Verschlimmerung führt.

eine gesteigerte Aufmerksamkeit schnell reagieren kann. Das bringt den gesamten Organismus aus dem Gleichgewicht, was sich in Müdigkeit nach dem Training äußert. Nach dem Sport muss die Balance daher erst wiederhergestellt werden, damit der Körper all seine Funktionen wieder normal ausführen kann.

Wie bereits erwähnt, ist es aus diesem Grund wichtig, zwischen zwei Trainingseinheiten gleicher Körperpartien einen sportfreien Tag einzulegen. Dieser sollte nicht nur bei Verletzungen eingehalten werden, sondern generell. Denn Sport bedeutet für den Körper immer auch Stress, da hohe Mengen an Energie verbrannt und eine Vielzahl an Hormonen ausgeschüttet werden.

Hormone erfüllen im Körper verschiedenste Aufgaben, so sind sie zum Beispiel an Stoffwechsel und Blutdruck beteiligt. Sie sorgen dafür, dass der Körper während der Belastung konstant unter Anspannung steht und durch

Wer seinem Körper keine Erholung gönnt und ihn stattdessen überstrapaziert, kann ein sogenanntes Überforderungssyndrom hervorrufen. Dieses führt nicht nur zu schlechterer körperlicher und geistiger Leistungsfähigkeit, sondern birgt auch gesundheitliche Risiken wie Herz-Kreislauf-Erkrankungen, ein geschwächtes Immunsystem oder psychische Erkrankungen (beispielsweise Depressionen). Eine zu starke Anstrengung ist daher ebenso ungesund wie keinerlei körperliche Bewegung, weshalb immer ein gutes Verhältnis von An- und Entspannung vorliegen sollte.

Eine Überbelastung kann dabei nicht nur durch Sport hervorgerufen werden, sondern auch durch Stress im Alltag. Ausreichend Schlaf (sieben bis acht Stunden pro Nacht) und Entspannungsphasen am Tag helfen dem Körper, seine innere Balance wiederherzustellen. Wem das Erholen schwer fällt, der kann durch gezielte Entspannungsübungen das Übermaß an Anspannung abbauen. Meditation, autogenes Training oder progressive Muskelrelaxation legen den Fokus dabei auf Atemtechniken sowie auf ein bewusstes An- und Entspannen von Muskeln.

Frühstück & Powerdrinks

Beeren-Getreide-Frühstück

Zubereitungszeit: **10 Min.**

Nährwerte pro Person: **259 kcal · 1084 kJ · 8 g EW · 15 g F · 23 g KH**

CLEVER-ESSEN-EFFEKT

senkt den Blutzuckerspiegel

Für 2 Personen:

4 EL Gerstenflocken
2 EL Haferflocken
2 EL Weizenflocken
500 ml Mandelmilch
2 TL Ahornsirup
20 Erdbeeren
40 Himbeeren

1 Gersten-, Hafer- und Weizenflocken in einer Schale vermengen. Mandelmilch und Ahornsirup dazugeben und alles nochmals gründlich vermengen.

2 Erdbeeren waschen, trocken tupfen und putzen. Die Beeren je nach Größe kleiner schneiden. Himbeeren waschen, trocken tupfen und mit den Erdbeeren zum Müsli geben. Sofort servieren.

TIPP

Je nach Saison und Angebot schmeckt auch Banane in diesem Frühstück lecker; auch sie sorgt für reichlich Energie. Papaya macht ebenfalls eine gute Figur in diesem Rezept. Achten Sie beim Einkauf auf jeden Fall auf Frische und Reife der Früchte.

Haferschmaus mit Hüttenkäse

Zubereitungszeit: **10 Min.**

Quellzeit: **8 Std.**

Nährwerte pro Person: **657 kcal · 2749 kJ · 26 g EW · 26 g F · 77 g KH**

CLEVER-ESSEN-EFFEKT

Nervennahrung bei geistiger Anstrengung

Für 2 Personen:

120 g Haferkörner
200 g Banane
1 Apfel
40 g Walnüsse
300 g Naturjoghurt
  (3,5 % Fett)
150 g Hüttenkäse
2 EL Fruchtsoße
1 TL Zimtpulver

1 Die Haferkörner in eine Thermoskanne geben und mit sehr heißem, aber nicht mehr kochendem Wasser übergießen. Die Kanne verschließen und den Hafer 8 Stunden quellen lassen.

2 Nach Ende der Quellzeit die Banane schälen und zerdrücken. Den Apfel waschen, vom Kerngehäuse befreien und das Fruchtfleisch in kleine Stücke schneiden. Beides in eine Schüssel geben und den Hafer untermengen.

3 Walnüsse hacken. Dann mit Joghurt, Hüttenkäse und Fruchtsoße verrühren. Das Ganze über die Obst-Hafer-Mischung geben und mit Zimt bestreut servieren.

TIPP

Hafer enthält viele wertvolle Inhaltsstoffe wie Eiweiß, Kohlenhydrate, Ballast- und Mineralstoffe, Vitamin E und Vitamine der B-Gruppe.

Kürbis-Nuss-Aufstrich auf Vollkornbrot

Zubereitungszeit: **25 Min.**

Backzeit: **30 Min.**

Nährwerte pro Person: **302 kcal · 1264 kJ · 7 g EW · 19 g F · 27 g KH**

1 Den Backofen auf 220 Grad Ober- und Unterhitze (200 Grad Umluft) vorheizen. Den Kürbis entkernen und auf ein mit wenig Öl bestrichenes Backblech legen.

2 Die Paprika waschen und von weißen Innenhäuten und Kernen befreien. Paprika mit der Hautseite nach oben ebenfalls auf das Blech legen. Das Gemüse im Ofen ca. 30 Minuten backen, bis die Haut der Paprika leicht bräunlich und alles weich ist.

3 Das Kürbisfleisch aus der Schale schaben und die Paprika grob hacken. Zusammen in eine Schüssel geben. Die Knoblauchzehe schälen und zusammen mit den Walnüssen fein hacken. Beides unter das Gemüse mengen und 1–2 EL Öl unterrühren.

4 Das Ganze mit Salz und Cayennepfeffer abschmecken und abkühlen lassen. Zum Servieren auf Vollkornbrotscheiben streichen und nach Belieben mit Rucola garnieren.

CLEVER-ESSEN-EFFEKT

fördert Heilungs- und Erholungsprozesse

Für 2 Personen:

250 g Kürbis
  (z. B. Hokkaido)
2 EL Olivenöl
½ rote Paprikaschote
½ Knoblauchzehe
25 g Walnüsse
Salz
Cayennepfeffer
2 Scheiben Vollkornbrot
Rucola zum Garnieren

TIPP

Dieser Aufstrich lässt sich wunderbar auch in größeren Portionen vorbereiten.

Süßkartoffelbrot

Zubereitungszeit: **30 Min.**

Backzeit: **1 Std. 20 Min.**

Nährwerte pro Scheibe: **183 kcal · 766 kJ · 3 g EW · 7 g F · 27 g KH**

CLEVER-
ESSEN-EFFEKT

**gesunde
Nerven**

Für ca. 20 Scheiben:

300 g Süßkartoffeln
10 g Ingwer
60 g Butter
150 g brauner Zucker
120 g Ahornsirup
1 Ei (Größe L)
80 ml Milch
1 TL Zimtpulver
Mark von 1 Vanilleschote
250 g Mehl (Type 405)
2 TL Backpulver
½ TL Salz
100 g Walnüsse
Fett für die Form

1 Süßkartoffeln schälen und in Würfel schneiden. In einem Topf mit Wasser bedecken und in 15–20 Minuten weich kochen. Abgießen und die Süßkartoffeln pürieren. Etwas abkühlen lassen.

2 Den Backofen auf 180 Grad Ober- und Unterhitze (160 Grad Umluft) vorheizen. Ingwer schälen und fein reiben. Zimmerwarme Butter und braunen Zucker gut verrühren. Süßkartoffelpüree, Ahornsirup, Ei, Milch, Zimt, Vanillemark und Ingwer hinzufügen und unterrühren.

3 Mehl, Backpulver und Salz miteinander vermischen. Die Süßkartoffelmasse dazugeben und alles gut verrühren. Walnüsse grob hacken und untermischen.

4 Eine Kastenform ausfetten und den Teig einfüllen. In den heißen Backofen schieben und auf der mittleren Schiene 50–60 Minuten backen.

TIPP

Für den herzhaften Snack zwischendurch schmeckt als Aufstrich beispielsweise Pesto rosso sehr gut auf diesem Brot. Und wer es fruchtig mag, kann natürlich auch Konfitüre daraufgeben. Besonders gut schmeckt eine bittere Orangenmarmelade.

Frühstückskekse mit Mandeln

Zubereitungszeit: **15 Min.**
Backzeit: **15 Min.**
Nährwerte pro Stück: **75 kcal · 314 kJ · 2 g EW · 5 g F · 7 g KH**

1 Backofen auf 150 Grad Ober- und Unterhitze (130 Grad Umluft) vorheizen. Mandelstifte ohne Fett in einer Pfanne rösten. Das Ei mit Mandelöl, Honig, Salz und Zimt in einer großen Schüssel verrühren. Restliche Zutaten hinzufügen und alles mit einem Holzlöffel gut unterrühren.

2 Mit einem Teelöffel Teig abstechen, daraus ca. 24 runde Kekse à 5 cm Durchmesser formen und jeweils mit 2 Mandelblättchen garnieren. Kekse auf einem mit Backpapier ausgelegten Backblech anordnen. In den vorgeheizten Ofen schieben und ca. 15 Minuten backen, aber mindestens so lange, bis die Keksränder hart werden.

3 Kekse aus dem Ofen nehmen und vollkommen abkühlen lassen. Dann erst sollten sie vom Blech genommen werden.

TIPP

Die Kekse können ca. 1 Woche luftdicht verschlossen aufbewahrt werden. Damit können sie wunderbar auf Vorrat gebacken werden.

CLEVER-ESSEN-EFFEKT

hohe Leistungsfähigkeit, Zellregeneration

Für ca. 24 Stück:

85 g Mandelstifte
1 Ei (Größe M)
60 ml Mandelöl
3 EL Honig
¼ TL Salz
¼ TL Zimtpulver
150 g Reis-Cerealien
100 g Weizen- und Gerstenkörner (unbehandelt)
3 EL Weizenkeime
3 EL Vollkornweizenmehl
48 Mandelblättchen

Muntermacher-Drink

Zubereitungszeit: **10 Min.**

Nährwerte pro Drink: **355 kcal · 1485 kJ · 9 g EW · 13 g F · 46 g KH**

CLEVER-ESSEN-EFFEKT

für Abwehr-kräfte und Leistung

Für 2 Drinks:

80 g Beeren
1 Grapefruit
1 Orange
400 ml Sojamilch oder
  Vollmilch
2 TL Haferkleie oder Haferflocken
1 EL Zitronensaft
2 TL Akazienhonig (z. B. von
  Alnatura)
1 TL Leinöl

1 Die Beeren waschen, abtropfen lassen und putzen. Grapefruit und Orange schälen und das Fruchtfleisch in kleine Stücke schneiden. Das Obst mit Soja- oder Vollmilch in einem geeigneten Gefäß pürieren.

2 Haferkleie bzw. Haferflocken, Zitronensaft, Akazienhonig und Leinöl zu den pürierten Früchten geben. Alles noch einmal pürieren oder gründlich umrühren. Den Muntermacher-Drink in 2 Gläser füllen und servieren.

TIPP

Nach Geschmack und Angebot können ganz verschiedene Beeren verwendet werden.
Wenn Sie frische Beeren verarbeiten wollen, achten Sie unbedingt darauf, reife und damit besonders aromatische Früchte zu kaufen. Wenn Sie tiefgefrorene Beeren verwenden, lassen Sie sie vor dem Pürieren auftauen.

Bananen-Orangen-Mix

Zubereitungszeit: **15 Min.**
Nährwerte pro Drink: **276 kcal · 1169 kJ · 10 g EW · 8 g F · 38 g KH**

1 Banane schälen und klein schneiden. Orange schälen, halbieren und Fruchtfleisch in Stücke schneiden. Walnüsse grob zerkleinern und mit den Fruchtstücken in den Mixer füllen. Obst und Nüsse zu Püree verarbeiten.

2 Nach und nach Magermilch, Joghurt und Honig hinzufügen und mit dem Frucht-Walnuss-Püree vermengen. Zum Schluss mit Vanillearoma abschmecken.

3 Bananen-Orangen-Drink auf 2 große Gläser verteilen. Je 1 Orangenscheibe, 1 Walnusshälfte und 2 Minzeblättchen auf ein Holzspießchen stecken. Drinks damit garnieren und sofort servieren.

TIPP

Walnüsse sind reich an mehrfach ungesättigten „guten" Fettsäuren, die das Herz schützen. Zusätzlich stellen sie eine wertvolle Proteinquelle dar: 50 g Walnüsse enthalten 8 g Eiweiß.

CLEVER-ESSEN-EFFEKT

Stärkung des Immunsystems

Für 2 Drinks:

1 kleine Banane
1 Orange
50 g Walnüsse
250 ml Magermilch
100 g fettarmer Naturjoghurt
2 EL Honig
½ TL Vanillearoma
2 Orangenscheiben (unbehandelt), 2 Walnusshälften und 4 Minzeblättchen zum Garnieren

Birchermüsli (Abb. S. 43)

Zubereitungszeit: **10 Min.**
Quellzeit: **12 Std.**
Nährwerte pro Person: **151 kcal · 632 kJ · 3 g EW · 8 g F · 17 g KH**

CLEVER-ESSEN-EFFEKT

optimaler Sattmacher

Für 2 Personen:
2 EL Haferflocken Groß-
 blatt (z. B. von Alnatura)
1 EL Zitronensaft, frisch
 gepresst
2 EL Kaffeesahne
4 Äpfel
2 EL Mandeln

1 Die Haferflocken in eine Schale geben und in 6 EL Wasser 12 Sunden quellen lassen. Anschließend die Flocken gründlich mit Zitronensaft und Kaffeesahne verrühren.

2 Äpfel waschen, vierteln und von den Kerngehäusen befreien. Das Fruchtfleisch mit Schale auf der Küchenreibe raspeln.

3 Äpfel unter die Haferflocken rühren. Die Mandeln darüberstreuen und dann Birchermüsli servieren.

TIPP

Verfeinern Sie Ihr Birchermüsli nach Geschmack und Saison mit weiteren frischen Früchten und Nüssen oder Kernen.

Snacks & für zwischendurch

Mandel-Kräuter-Dip

Zubereitungszeit: **10 Min.**

Nährwerte pro Person: **143 kcal · 599 kJ · 8 g EW · 7 g F · 14 g KH**

**CLEVER-
ESSEN-EFFEKT**

**Schutz und
Regeneration
der Zellen**

Für 2 Personen:

75 g Mandelstifte
½ Bd. gemischte frische
   Kräuter (z. B. Petersilie,
   Dill, Kerbel, Basilikum und
   Estragon)
½ Zwiebel
250 g Naturjoghurt
Salz
Pfeffer aus der Mühle

1 Mandelstifte in eine beschichtete Pfanne geben und ohne Fettzugabe anrösten. Dabei die Pfanne häufig schwenken, damit die Mandeln nicht verbrennen.

2 Die Kräuter mit kaltem Wasser abbrausen, gründlich trocken schütteln und die harten Stängel abschneiden. Die Kräuter fein hacken. Zwiebel schälen und in sehr feine Würfel schneiden.

3 Joghurt mit Mandeln, Kräutern sowie Zwiebel in eine Schüssel geben und glatt rühren. Das Ganze mit Salz und frisch gemahlenem Pfeffer abschmecken. Mandel-Kräuter-Dip bei Zimmertemperatur servieren.

TIPP

Dieser Mandel-Kräuter-Dip passt hervorragend als Beilage zu knackigen Gemüsesticks, aber auch als Begleiter zu herzhaften Fondues.

Vitalsandwich mit Avocado

Zubereitungszeit: **25 Min.**

Nährwerte pro Person: **367 kcal · 1536 kJ · 10 g EW · 18 g F · 41 g KH**

CLEVER-ESSEN-EFFEKT

schützt das Herz

Für 2 Personen:

25 g Walnüsse
1 reife Avocado
1 EL fettarmer Natur-
  joghurt
Salz
Cayennepfeffer
Zitronensaft, frisch
  gepresst
6 Radieschen
2 Blätter Kopfsalat
20 g Alfalfasprossen
4 Scheiben Roggenbrot
  mit ganzen Körnern
  (à ca. 50 g)

1 Walnüsse hacken und in einer kleinen beschichteten Pfanne kurz rösten. Nüsse auf einen Teller geben und auskühlen lassen.

2 Avocado quer halbieren und den Stein entfernen. Das Fruchtfleisch mit einem Löffel aus den Schalen lösen und mit einer Gabel zerdrücken. Joghurt untermischen und das Ganze mit Salz, Cayennepfeffer und etwas Zitronensaft abschmecken. Walnüsse untermischen.

3 Radieschen kalt waschen, putzen und in dünne Scheiben schneiden. Salatblätter waschen und trocken schütteln. Die Sprossen in ein Küchensieb geben, kalt abbrausen und gründlich abtropfen lassen.

4 Die Brotscheiben mit der Avocadocreme bestreichen. 2 Brotscheiben mit Radieschen, Kopfsalat und Alfalfasprossen belegen. Die übrigen Brotscheiben mit der bestrichenen Seite nach unten obenauf legen. Nach Belieben die Sandwiches einmal halbieren.

TIPP

Vollreife Avocados erkennen Sie daran, dass sie auf leichten Fingerdruck nachgeben.

Blitz-Asia-Röllchen

Zubereitungszeit: **25 Min.**

Nährwerte pro Person: **100 kcal · 418 kJ · 10 g EW · 5 g F · 4 g KH**

CLEVER-ESSEN-EFFEKT

kalorienarmer Sattmacher

Für 2 Personen:

60 g Möhren
75 g Knollensellerie
½ kleine Gurke
75 g schnittfester Tofu
4 große Blätter Chinakohl
Salz
ca. 1 TL Wasabipaste
Sojasoße zum Dippen

1 Möhren schälen und waschen. Dann der Länge nach in sehr feine Streifen schneiden. Sellerie schälen, waschen und ebenfalls in sehr feine Streifen schneiden.

2 Gurke waschen, der Länge nach halbieren und von Kernen befreien. Fruchtfleisch in feine Streifen schneiden. Tofu in dünne Scheiben schneiden. Kohlblätter waschen und bei Bedarf dickere Rippen mit dem Messer flach schneiden.

3 Möhren- und Selleriestreifen in kochendes Salzwasser geben, einmal aufwallen lassen. Kohlblätter in ein Sieb heben.

4 Möhren- und Selleriestreifen mit dem heißen Wasser über die Kohlblätter gießen. Das Ganze mit eiskaltem Wasser abschrecken, abtropfen lassen und aus dem Sieb nehmen.

5 Kohlblätter jeweils mit 1–2 Scheiben Tofu am unteren Ende belegen. Etwas Wasabi daraufstreichen. Gurken- und blanchierte Möhren- sowie Selleriestreifen darauflegen.

6 Chinakohl stramm aufrollen und die Röllchen jeweils halbieren. Mit Zahnstochern feststecken und die Asiaröllchen mit Sojasoße zum Dippen servieren.

Trockenfrüchte aus dem Ofen

Zubereitungszeit: **30 Min.**
Backzeit: **90 Min.**
Nährwerte pro Portion: **143 kcal · 598 kJ · 2 g EW · 1 g F · 30 g KH**

1 Den Backofen auf 50 Grad Umluft vorheizen. Aprikosen und Pflaumen waschen, trocken reiben, halbieren und von den Kernen befreien. Weiche Druckstellen sorgfältig herausschneiden.

2 Zitronensaft mit 50 ml Wasser verrühren. Aprikosen und Pflaumen darin eintauchen. Mit den Schnittflächen nach oben auf ein Backblech legen und in den Ofen schieben. Die Früchte bei leicht geöffneter Ofentür in 60–90 Minuten trocknen lassen.

3 Inzwischen Äpfel waschen und trocken reiben. Kerngehäuse entfernen und Äpfel in 5–10 mm dicke Scheiben schneiden.

4 Äpfel mit dem restlichen Zitronensaft einstreichen und auf ein Ofengitter geben. Nach ca. 45 Minuten zu den Aprikosen und Pflaumen in den Ofen schieben und die Äpfel die restlichen 35–45 Minuten mit trocknen lassen.

5 Trockenfrüchte aus dem Ofen nehmen und ausgebreitet auskühlen lassen. Luftdicht verpackt aufbewahren. Die Früchte sollen auf Fingerdruck noch leicht nachgeben, sie müssen aber vollständig getrocknet sein, denn sonst schimmeln sie.

CLEVER-ESSEN-EFFEKT

Schutz von Zellen und Nerven

Für 6 Portionen:
500 g reife Aprikosen
500 g große Pflaumen
Saft von 2 Zitronen
6 reife Äpfel

Cracker mit Nori (Abb. S. 59)

Zubereitungszeit: **20 Min.**

Nährwerte pro Stück: **30 kcal · 126 kJ · 1 g EW · 1 g F · 5 g KH**

CLEVER-ESSEN-EFFEKT

fördert Stoffwechsel und Abwehrkräfte

Für ca. 30 Stück:

3 Noriblätter
200 g Mehl (Type 405)
½ TL Salz
25 g Butter
120 ml fettarme Milch

1 Backofen auf 200 Grad Ober- und Unterhitze (180 Grad Umluft) vorheizen. Ein Stück Backpapier in der Größe eines Backblechs zurechtschneiden. Die Noriblätter mit einem Messer oder im Mixer fein hacken. Einen kleinen Teil davon beiseitelegen.

2 Mehl und gehackte Algen in einer Rührschüssel mischen. Salz und Butter dazugeben und mit den Knethaken eines Handrührgeräts vermischen. Die Milch nach und nach einlaufen lassen und das Ganze zu einem homogenen Teig verkneten.

3 Den Teig auf dem Backpapier 1–2 mm dick ausrollen und in schmale Streifen von ca. 3 cm x 12 cm schneiden. Das Backpapier auf ein Backblech ziehen. In den heißen Ofen schieben und ca. 10 Minuten backen.

4 Nach Ende der Backzeit Cracker etwas abkühlen lassen. Dann mit den beiseitegelegten Algen bestreuen und vollständig auskühlen lassen. Die Cracker bis zum Verzehr kühl und trocken aufbewahren.

TIPP

Zum Verpacken eignen sich hier stabile Boxen in der Länge der Cracker. So vermeiden Sie, dass diese leckeren Knabbereien zerbrechen.

Möhrensalat mit Sprossen und Koriander

Zubereitungszeit: **20 Min.**

Nährwerte pro Person: **219 kcal · 917 kJ · 7 g EW · 15 g F · 15 g KH**

CLEVER-ESSEN-EFFEKT
Unterstützung des Seh-vorgangs

Für 2 Personen:

25 g Erdnüsse
400 g Möhren
50 g Sprossen
2 Stängel frischer
  Koriander
2 cm Ingwer
1 EL Reisessig
2 EL Limettensaft
½ TL brauner Zucker
2 EL Sesamöl
Salz

1 Erdnüsse grob hacken. In eine Pfanne ohne Öl geben und anrösten, bis sie duften. Anschließend abkühlen lassen.

2 Möhren schälen und auf der Küchenreibe grob raspeln. Sprossen in ein Sieb geben, mit heißem Wasser waschen und gut abtropfen lassen.

3 Koriander abbrausen, trocken schütteln und die Blätter von den Stängeln zupfen. Ingwer schälen und fein reiben.

4 Ingwer mit Reisessig, Limettensaft, Zucker und Öl verrühren und mit wenig Salz abschmecken. Das Dressing mit Möhren und Sprossen vermengen und die abgezupften Korianderblätter hinzufügen. Auf Teller verteilen und servieren.

TIPP

Verwenden Sie für dieses Rezept beispielsweise Mungobohnen- oder (echte) Sojasprossen.

Schwarzer Bohnensalat mit Papaya

Zubereitungszeit: **20 Min.**
Einweichzeit: **mind. 12 Std.**
Nährwerte pro Person: **283 kcal · 1184 kJ · 11 g EW · 8 g F · 41 g KH**

1 Die Bohnen in ein Sieb geben, mit kaltem Wasser waschen, abtropfen lassen und über Nacht in reichlich Flüssigkeit einweichen. Anschließend in viel Wasser weich kochen und abgießen. Dann abtropfen und abkühlen lassen.

2 Papaya schälen, halbieren, Kerne herauskratzen und Fruchtfleisch in Würfel schneiden. Chili- und Paprikaschote waschen, halbieren, entkernen und würfeln.

3 Frühlingszwiebel putzen, waschen und klein schneiden. Papayawürfel, Chili- sowie Paprikaschote und die Frühlingszwiebel zu den Bohnen geben und vermengen.

4 Minze und Basilikum waschen, trocken tupfen und fein hacken. Zusammen mit Ingwer, Limettensaft und Olivenöl zu den Bohnen geben.

5 Die Salatzutaten gut miteinander vermengen und mit Salz und Pfeffer abschmecken. Vor dem Servieren kalt stellen.

CLEVER-ESSEN-EFFEKT

gesunde Muskeln, Bänder und Sehnen

Für 2 Personen:

100 g schwarze Bohnen
1 Papaya
1 frische Chilischote
1 kleine rote Paprikaschote
1 Frühlingszwiebel
2 EL Minzeblättchen
1 EL Basilikumblättchen
2 TL Ingwer, frisch gerieben
50 ml Limettensaft
1 EL Olivenöl
Salz
Pfeffer aus der Mühle

TIPP

Schwarze Bohnen werden besonders in der lateinamerikanischen Küche gerne verwendet. Bei uns erhält man sie meist nur getrocknet und muss sie daher einige Stunden einweichen.

Pikanter Melonensalat

Zubereitungszeit: **20 Min.**

Nährwerte pro Person: **643 kcal · 2690 kJ · 11 g EW · 26 g F · 90 g KH**

**CLEVER-
ESSEN-EFFEKT**

**spendet viel
Flüssigkeit**

Für 2 Personen:

1 TL Senf
1 ½ EL Cranberrysaft
Salz
2 EL Olivenöl
50 g getrocknete
   Cranberrys
¼ Wassermelone
½ Galiamelone
100 g Schafskäse
25 g Walnüsse
100 g Babyspinat

1 Senf, Cranberrysaft und etwas Salz glatt rühren. Olivenöl einfließen lassen und unterschlagen. Cranberrys dazugeben und unterheben.

2 Aus dem Fruchtfleisch von Wasser- und Galiamelone Kugeln mit einem Kugelausstecher auslösen. Schafskäse grob zerbröckeln.

3 Walnüsse ohne Fettzugabe in eine Pfanne geben und rösten, dabei häufig schwenken, damit sie nicht verbrennen. Dann grob hacken. Babyspinat waschen, trocken schleudern und verlesen.

4 Melonenkugeln, Schafskäse, Walnüsse und Babyspinat in eine Salatschüssel geben. Mit Dressing beträufeln, vorsichtig vermengen und auf Salattellern anrichten. Dann rasch servieren.

TIPP

Wer mag, reicht noch frisches Brot zu diesem fruchtig-würzigen Salat.

Quinoasalat mit Zucchini und Himbeeren

Zubereitungszeit: **40 Min.**

Garzeit: **25 Min.**

Nährwerte pro Person: **520 kcal · 2176 kJ · 23 g EW · 28 g F · 43 g KH**

CLEVER-ESSEN-EFFEKT

gesunde Nerven, Haut, Knochen und Muskeln

Für 2 Personen:

100 g Quinoa
2 Frühlingszwiebeln
200 g Zucchini
80 g Feta
25 g Pinienkerne
½ Bd. Basilikum
2 EL Essig
2 EL Olivenöl
1 EL Senf
1 EL Hefeflocken
Pfeffer aus der Mühle
Kräutersalz
200 g Himbeeren

1 Quinoa mindestens zwei Mal mit Wasser abspülen. Dann mit Wasser im Verhältnis 2:1 (2 Teile Wasser, 1 Teil Quinoa) in einen Topf geben und kurz aufkochen lassen. Bei milder Hitze ca. 25 Minuten köcheln lassen. Anschließend auskühlen lassen.

2 Frühlingszwiebeln waschen, putzen und in kleine Ringe schneiden. Zucchini waschen und in hauchdünne Ringe schneiden. Feta würfeln. Pinienkerne in einer Pfanne ohne Fettzugabe rösten.

3 Basilikumblättchen von den Stängeln zupfen und sehr fein hacken. Essig mit Olivenöl, Senf und Hefeflocken verrühren. Basilikum unterrühren.

4 Quinoa mit Frühlingszwiebeln, Zucchini, Feta und Pinienkernen in eine Salatschüssel geben. Mit dem Dressing vermengen und das Ganze mit frisch gemahlenem Pfeffer und Kräutersalz abschmecken. Zum Schluss die Himbeeren unter den Salat heben.

TIPP

Quinoa ist auch unter den Namen Inka-, Peru- oder Andenreis bekannt.

Papaya-Cranberry-Salat mit Krabben

Zubereitungszeit: **30 Min.**
Nährwerte pro Person: **176 kcal · 739 kJ · 11 g EW · 6 g F · 21 g KH**

1 Zuckerschoten waschen, putzen und in Salzwasser 1 Minute blanchieren. In ein Sieb abgießen, mit eiskaltem Wasser abschrecken und gut abtropfen lassen.

2 Orange heiß waschen, trocken tupfen und die Schale abreiben. Saft auspressen. Orangensaft in eine Schüssel geben und mit 1 Prise Salz, Chilipulver und Walnussöl verrühren. Orangenschale, Cranberrys und Krabben untermischen und kurz durchziehen lassen.

3 Papaya halbieren, Kerne mit einem kleinen Löffel herauskratzen und die Hälften schälen. Fruchtfleisch in mundgerechte Stücke schneiden. Rucola verlesen, mit kaltem Wasser waschen und trocken schleudern.

4 Die Papaya mit Zuckerschoten und den marinierten Krabben vermischen. Den Salat nach Belieben in Gläser füllen oder auf Teller verteilen. Dann das Ganze mit Rucola anrichten und servieren.

CLEVER-ESSEN-EFFEKT
entzündungshemmend, regenerierend

Für 2 Personen:

50 g Zuckerschoten
Salz
½ Orange (unbehandelt)
½ Msp. Chilipulver
1 EL Walnussöl
40 g getrocknete Cranberrys
100 g Tiefseekrabbenfleisch
1 Papaya
1 Bd. Rucola

Suppe mit Fisch und Brokkoli

Zubereitungszeit: **25 Min.**

Garzeit: **20 Min.**

Nährwerte pro Person: **154 kcal · 644 kJ · 16 g EW · 1 g F · 6 g KH**

CLEVER-ESSEN-EFFEKT
versorgt die Zellen mit Sauerstoff

Für 2 Personen:

½ Zwiebel
100 g Knollensellerie
1 Stange Sellerie
200 g Fischreste (vom Fischhändler)
150 ml Weißwein
1 Lorbeerblatt
1 TL schwarze Pfefferkörner
Saft und abgeriebene Schale von ¼ Zitrone (unbehandelt)
Salz
250 g Brokkoli
125 g festes weißes Fischfilet nach Wahl
Pfeffer aus der Mühle

1 Zwiebel schälen und hacken. Sellerieknolle schälen und klein schneiden. Selleriestange putzen, waschen und in Scheiben schneiden.

2 Zwiebel und Sellerie mit Fischresten, Wein und 250 ml Wasser in einem Topf langsam zum Kochen bringen. Lorbeer und Pfefferkörner zugeben. Zitronensaft zufügen und das Ganze salzen.

3 Aufsteigenden Schaum vom Fond sorgfältig mit einer Schaumkelle abschöpfen. Den Sud 2–3 Minuten köcheln lassen, dann vom Herd nehmen und zugedeckt 15 Minuten ziehen lassen.

4 Brokkoli waschen, putzen und in Röschen teilen. Fisch waschen, mit Küchenpapier trocken tupfen und in mundgerechte Stücke schneiden.

5 Fischfond durch ein Küchensieb gießen, die festen Teile wegwerfen. Ein Sieb mit einem sauberen Küchentuch auslegen und den Fond langsam durch das Tuch in einen Topf filtern.

6 Den Fond zum Kochen bringen. Brokkoli und Fisch dazugeben. 4 Minuten bei kleiner Hitze leise köcheln lassen. Dann mit Salz und Pfeffer abschmecken und Suppe auf tiefe Teller verteilen. Mit Zitronenschale bestreut servieren.

Buchweizensuppe mit Erbsen

Zubereitungszeit: **25 Min.**
Garzeit: **15 Min.**
Nährwerte pro Person: **112 kcal · 469 kJ · 7 g EW · 45 g F · 20 g KH**

CLEVER-ESSEN-EFFEKT

gesunder Energie-lieferant

Für 2 Personen:

1 kleine Frühlingszwiebel
1 EL Sesamöl
25 g Buchweizenkörner
50 g grüne Erbsen
375 ml Geflügelbrühe
Salz
Cayennepfeffer
½ Bd. Petersilie
je ½ Handvoll Sauer-
  ampfer und Spinat
½ Stängel Majoran
1 EL Milch

1 Die Frühlingszwiebel putzen, mit kaltem Wasser waschen und mit dem zarten Zwiebelgrün in feine Röllchen schneiden. Ca. 1 TL Zwiebelröllchen zum Garnieren beiseitelegen.

2 Sesamöl in einem Topf bei schwacher Hitze heiß werden lassen. Die Frühlingszwiebel und den Buchweizen dazugeben und 1 Minute unter Rühren andünsten.

3 Erbsen in den Topf geben und unterrühren. Dann die Geflügelbrühe nach und nach zugießen. Dabei weiterrühren, bis die Suppe glatt ist. Mit Salz und Cayennepfeffer würzen. Aufkochen und zugedeckt bei milder Hitze 10–15 Minuten garen.

4 In der Zwischenzeit Petersilie, Sauerampfer, Spinat und Majoran kalt waschen und trocken tupfen, dann ohne grobe Stielenden fein hacken. Nach Garzeitende mit der Milch zur Suppe geben und unterrühren.

5 Buchweizensuppe mit Erbsen noch einmal erhitzen, dabei aber nicht mehr aufkochen lassen. Anschließend auf vorgewärmte Suppenteller verteilen und mit den beiseitegelegten Zwiebelröllchen garnieren. Dann die Suppe rasch heiß servieren.

Bohnensuppe mit Gemüse

Zubereitungszeit: **40 Min.**

Quellzeit: **mind. 12 Std.**

Garzeit: **1 Std. 50 Min.**

Nährwerte pro Person: **458 kcal · 1916 kJ · 29 g EW · 18 g F · 44 g KH**

1 Bohnen in 1 ½ l Wasser einweichen und über Nacht quellen lassen. Danach Zwiebel und Knoblauch abziehen und fein würfeln. Öl in einem Topf erhitzen, Knoblauch und Zwiebel goldgelb braten. Bohnen mit Einweichwasser dazugeben, Brühe einrühren. Ca. 1 Stunde köcheln lassen.

2 Sellerie waschen, putzen und fein schneiden. Möhre putzen, schälen und in dünne Scheiben schneiden. Brokkoli waschen, putzen und in Röschen zerteilen. Strunk schälen und würfeln.

3 Bis auf die Röschen das Gemüse in den Topf geben. Bei Bedarf noch etwas Wasser nachgießen. Suppe 30 Minuten kochen lassen.

4 Tomaten waschen. Kurz in die Suppe legen, herausnehmen und häuten. Das Fruchtfleisch würfeln. Den Lauch putzen, waschen und fein schneiden. Paprika waschen, Kerne und Innenhäute entfernen, Schote würfeln. Salbei hacken.

5 Tomaten, Lauch, Paprika, Salbei und Brokkoli in die Suppe geben. Noch ca. 10 Minuten köcheln lassen. Würstchen klein schneiden und hineinlegen. Mit Salz und Pfeffer abschmecken. Petersilie abbrausen, trocken schütteln und fein hacken, dann in die Bohnensuppe rühren.

CLEVER-ESSEN-EFFEKT

Unterstützung der Darmtätigkeit

Für 2 Personen:

75 g getrocknete weiße Bohnen
1 Zwiebel
1 Knoblauchzehe
1 EL Olivenöl
1 TL gekörnte Gemüsebrühe
2 Stangen Sellerie
1 Möhre
200 g Brokkoli
2 Tomaten
½ kleine Stange Lauch
½ gelbe Paprikaschote
2 Salbeiblätter
2 Rindswürstchen
Salz
Pfeffer aus der Mühle
½ Bd. Petersilie

Japanische Misosuppe

Zubereitungszeit: **35 Min.**

Nährwerte pro Person: **185 kcal · 774 kJ · 12 g EW · 8 g F · 16 g KH**

**CLEVER-
ESSEN-EFFEKT**

**gesunde Muskeln,
elastisches Bin-
degewebe**

Für 2 Personen:

75 g Sobanudeln
1 EL Miso
½ EL gekörnte Gemüse-
   brühe
25 g Spinat
1 cm Ingwer
¼ Noriblatt
50 g Tofu
½ Frühlingszwiebel
2 Shiitakepilze
Sojasoße
2 Stängel Petersilie

1 Die Sobanudeln in reichlich Wasser nach Packungsangabe garen. Danach die Nudeln abgießen.

2 Miso mit 2 EL Wasser in einem Topf sehr langsam erhitzen und unter ständigem Rühren auflösen. Dann 500 ml Wasser und Gemüsebrühe zugeben. Langsam erhitzen.

3 In der Zwischenzeit Spinat gründlich waschen, trocken schütteln und die Stiele entfernen. Ingwer schälen und in feine Streifen schneiden. Das Noriblatt mit einer Schere in feine Streifen scheiden.

4 Tofu bei Bedarf abtropfen lassen und in dünne Scheiben schneiden. Die Frühlingszwiebel putzen, waschen und der Länge nach in ca. 5 cm lange feine Streifen schneiden. Shiitakepilze putzen und in Scheiben schneiden.

5 Spinat mit Ingwer, Nori, Tofu, Frühlingszwiebel und Pilzen in die Suppe geben. Ca. 4 Minuten heiß werden lassen und dann mit Sojasoße abschmecken.

6 Petersilie abbrausen, trocken schütteln und hacken. Sobanudeln in die Misosuppe geben. Auf Schälchen verteilen, mit Petersilienblättchen bestreuen und dann heiß servieren.

Fitness-Genießer-Salat mit Joghurtdressing (Abb. S. 69)

Zubereitungszeit: **20 Min.**

Nährwerte pro Person: **200 kcal · 837 kJ · 6 g EW · 11 g F · 18 g KH**

CLEVER-ESSEN-EFFEKT

unterstützt die Verdauung

Für 2 Personen:

50 g Eisbergsalat
50 g Radicchio
50 g Stangensellerie
100 g Ananas
1 Feige
½ Birne
75 g milder Naturjoghurt
(0,1 % Fett, z. B. von
Weihenstephan)
½ EL Kürbiskernöl
Salz
Pfeffer aus der Mühle
25 g Walnüsse

1 Eisbergsalat und Radicchio waschen, putzen und trocken schleudern. Die Blätter mundgerecht klein zupfen. Sellerie waschen, putzen und in mundgerechte Stücke schneiden.

2 Ananas schälen und Fruchtfleisch in schmale Spalten oder nach Belieben in Stücke schneiden. Feige waschen, trocken reiben und vierteln. Birne waschen, vierteln und vom Kerngehäuse befreien. Fruchtfleisch in Spalten schneiden.

3 Eisbergsalat und Radicchio auf 2 Tellern anrichten. Dann Sellerie, Ananas, Feige und Birne dekorativ darauf verteilen.

4 Für das Dressing Joghurt mit Kürbiskernöl, etwas Salz und Pfeffer gut verrühren. Das Ganze über den Salat geben. Salat mit Walnüssen garnieren und rasch servieren.

TIPP

Der Salat erhält zusätzlich eine fruchtige Note, wenn Sie 2 EL Apfelsaft unter das Dressing rühren.

Hauptgerichte

Vollkorn-Spinat-Ravioli mit Füllung

Zubereitungszeit: **45 Min.**

Ruhezeit: **30 Min.**

Nährwerte pro Person: **718 kcal · 3004 kJ · 30 g EW · 30 g F · 82 g KH**

CLEVER-ESSEN-EFFEKT

Unterstützung des Nervensystems

Für 2 Personen:

Für den Teig:
200 g Roggenvollkornmehl
2 Eier (Größe M)
Salz
1 EL Olivenöl
1 Handvoll Spinat
Für die Füllung:
100 g Feta
100 g Kichererbsen (Dose)
1 Knoblauchzehe
1 Ei (Größe M)
½ EL Minze, frisch gehackt
1 EL Ziegenhartkäse,
  gerieben
Salz
Pfeffer aus der Mühle
Außerdem:
Mehl für die Arbeitsfläche
1 EL Butter

1 Für den Teig Mehl mit Eiern, etwas Salz und Öl zu einem geschmeidigen Teig verkneten. Bei Bedarf etwas Wasser hinzufügen. In Folie gewickelt ca. 30 Minuten ruhen lassen. Spinat waschen, putzen und kurz in Salzwasser blanchieren. Abschrecken, ausdrücken und fein hacken.

2 Für die Füllung den Feta zerbröckeln. Die Kichererbsen kalt abbrausen und abtropfen lassen. Knoblauch schälen, hacken und mit Kichererbsen, Feta, Ei, Minze und Hartkäse vermengen. Salzen und pfeffern.

3 Spinat zum Teig geben und gut verkneten. Auf einer bemehlten Fläche dünn ausrollen. Kreise von ca. 4 cm Durchmesser ausstechen.

4 Füllung portionsweise in die Mitte der Hälfte der Teigkreise geben, die Ränder anfeuchten und die andere Hälfte der Teigkreise darauflegen. Ränder festdrücken und mit einer Gabel eine Verzierung eindrücken.

5 Salzwasser aufkochen lassen. Ravioli 8–10 Minuten simmern lassen. Herausheben und abtropfen lassen. Die Butter in einem Topf leicht bräunen lassen. Ravioli darin schwenken, dann rasch servieren.

Naturreis mit Gemüse

Zubereitungszeit: **20 Min.**

Nährwerte pro Person: **367 kcal · 1536 kJ · 10 g EW · 22 g F · 39 g KH**

1 Reis nach Packungsangabe zubereiten. Champignons putzen und in Scheiben schneiden. Mais abgießen und abtropfen lassen. Tomaten waschen und halbieren.

2 In einer großen beschichteten Pfanne Olivenöl erhitzen. Champignons zugeben und ca. 3 Minuten unter ständigem Rühren anbraten. Anschließend den gegarten Reis zugeben und alles gut vermengen.

3 Mais und Tomaten ebenfalls mit in die Pfanne geben. Das Ganze ca. 1 Minute weiterbraten. Reis und Gemüse mit etwas Salz und frisch gemahlenem Pfeffer abschmecken. Nach Belieben mit Oreganoblättern bestreuen und dann sofort heiß servieren.

CLEVER-ESSEN-EFFEKT
konstante Leistungsfähigkeit

Für 2 Personen:

250 g Naturreis (z. B. einfach lecker von reis-fit)
200 g Champignons
150 g Mais (Dose)
250 g rote und gelbe Cocktailtomaten
2 EL Olivenöl
Salz
Pfeffer aus der Mühle
Oreganoblätter nach Geschmack

TIPP

Natürlich schmeckt in diesem unkomplizierten Reisrezept auch anderes Gemüse. Erlaubt ist alles, was schmeckt!

Rote-Linsen-Dal mit Petersilie

Zubereitungszeit: **30 Min.**

Nährwerte pro Person: **380 kcal · 1590 kJ · 21 g EW · 12 g F · 46 g KH**

CLEVER-ESSEN-EFFEKT

fettarmer Energielieferant

Für 2 Personen:

1 kleine Zwiebel
1 Stück Ingwer (1 ½ cm)
1 Knoblauchzehe
Salz
2 EL Pflanzenöl
½ TL Kurkuma
½ TL gemahlener Kreuz-
   kümmel
150 g rote Linsen
350 ml Gemüsebrühe
½ Bd. Petersilie
1 EL Zitronensaft
Pfeffer aus der Mühle

1 Zwiebel und Ingwer schälen. Beides in feine Würfel schneiden. Knoblauch abziehen und in einem Schüsselchen mit Salz zerreiben.

2 Pflanzenöl in einem großen Topf erhitzen. Zwiebel- und Ingwerwürfel darin anbraten. Knoblauch zugeben und ca. 3 Minuten im eigenen Saft schmoren lassen. Kurkuma und Kreuzkümmel darüberstäuben und kurz anschwitzen.

3 Linsen unterrühren, kurz andünsten und mit Gemüsebrühe aufgießen. Alles einmal kräftig aufkochen und dann bei mittlerer Hitze ca. 10 Minuten köcheln lassen, bis die Linsen die Flüssigkeit fast vollständig aufgesogen haben. Gelegentlich umrühren.

4 Petersilie waschen, trocken schütteln und grob hacken. Den Großteil der Petersilie mit dem Zitronensaft zu den Linsen geben, unterrühren und mit Salz und frisch gemahlenem Pfeffer abschmecken.

5 Das Rote-Linsen-Dal in Schälchen füllen. Mit übriger Petersilie garniert servieren.

TIPP

Zu diesem indischen Gericht kann man als typische Beilage frischen Basmatireis reichen.

Gunkan-Maki

Zubereitungszeit: **30 Min.**

Nährwerte pro Stück: **83 kcal · 347 kJ · 4 g EW · 2 g F · 13 g KH**

**CLEVER-
ESSEN-EFFEKT**

**zellschützender
Sattmacher**

Für 12 Stück:

2 geröstete Noriblätter
Essigwasser
150 g vorbereiteter
 Sushireis
1 TL Wasabipaste
30 g Lachskaviar oder
 Forellenkaviar
30 g frisches Lachsfilet
30 g frisches Kabeljaufilet

1 Eventuell fransige Seiten der Noriblätter glatt schneiden. Die Noriblätter der Länge nach in 12 ca. 3 cm × 15 cm große Streifen schneiden.

2 Hände mit Essigwasser anfeuchten. Aus dem vorbereiteten Sushireis 12 länglich-ovale, nicht zu feste Klößchen formen. Auf der Oberseite mit den Fingern ein wenig Wasabipaste verteilen.

3 Um jedes Reisklößchen einen Noriblattstreifen mit der glatten Seite nach außen wickeln. Das Blattende mit 1–2 Reiskörnern festkleben.

4 Den Reis im Noriblatt behutsam etwas herunterdrücken und den Kaviar gleichmäßig auf 3 Gunkan-Maki verteilen.

5 Lachs- und Kabeljaufilet kalt abspülen, trocken tupfen und fein hacken. Getrennt auf die restlichen Gunkan-Maki verteilen.

TIPP

Bei den Gunkan-Maki dient das Reisklößchen als Boden, um den ein zurechtgeschnittenes Noriblatt gewickelt wird. Oben entsteht dadurch eine Öffnung, die besonders mit weichen Zutaten gefüllt werden kann. Kaviar, Seeigelrogen, Fischcreme oder sogar Rührei eignen sich dafür bestens.

Ingwer-Chili-Zander auf Blattspinat

Zubereitungszeit: **35 Min.**

Nährwerte pro Person: **386 kcal · 1615 kJ · 39 g EW · 19 g F · 15 g KH**

CLEVER-ESSEN-EFFEKT

Förderung der Leistungsfähigkeit

Für 2 Personen:

75 g Stangensellerie
75 g Möhren
25 g Ingwer
1 Knoblauchzehe
1 Chilischote
250 g Blattspinat
½ Granatapfel
50 ml Alpro soya Cuisine
2 EL Sojasoße
3 EL Limettensaft
1 TL Ahornsirup
2 Zanderfilets
 (à ca. 150 g)
Salz
Pfeffer aus der Mühle
2 EL Sesam- oder Sonnen-
 blumenöl

1 Sellerie putzen, waschen und fein würfeln. Möhren waschen, schälen und fein würfeln. Ingwer und Knoblauch schälen, Chili entkernen und alles fein hacken.

2 Blattspinat waschen und abtropfen lassen. Die Kerne des Granatapfels auslösen und dabei die weißen Häute entfernen. Alpro soya Cuisine, Sojasoße, 2 EL Limettensaft und Ahornsirup glatt rühren.

3 Zanderfilets unter kaltem Wasser waschen und trocken tupfen. Mit Salz und Pfeffer bestreuen und mit restlichem Limettensaft beträufeln. 1 EL Öl in einer ausreichend großen Pfanne erhitzen. Zanderfilets darin mit der Hälfte des Ingwers und mit Chili rundherum 4 Minuten braten. Anschließend warm stellen.

4 Sellerie mit Möhren im Bratfett 3–4 Minuten braten. Mit der Soja-Limetten-Mischung ablöschen und Gemüse auf den Fisch geben.

5 Blattspinat im übrigen Öl mit übrigem Ingwer und Knoblauch andünsten. Mit Salz und Pfeffer würzen. Spinat auf Teller verteilen. Fisch und Gemüse darauf anrichten. Granatapfelkerne darüberstreuen und heiß servieren.

Seelachs auf Gemüse

Zubereitungszeit: **30 Min.**
Backzeit: **20 Min.**
Nährwerte pro Person: **321 kcal · 1341 kJ · 27 g EW · 15 g F · 19 g KH**

1 Kartoffeln schälen, waschen, trocken tupfen und auf dem Gemüsehobel in feine Scheiben schneiden. Leicht salzen. Die Kartoffeln in einem Dämpfeinsatz oder in wenig Wasser zugedeckt in ca. 5 Minuten nicht ganz weich kochen.

2 Inzwischen Brokkoli putzen, waschen und in kleine Röschen teilen. Stiele schälen und klein schneiden. Zwiebel schälen und in kleine Würfel schneiden.

3 Olivenöl in einer Pfanne erhitzen und die Zwiebelwürfel darin unter Rühren goldbraun braten. Brokkoli dazugeben, mit Salz und Curry würzen und das Ganze bei schwacher Hitze unter Rühren ca. 5 Minuten dünsten. Bei Bedarf noch 1–2 EL Wasser zugeben.

4 Backofen auf 225 Grad Ober- und Unterhitze (200 Grad Umluft) vorheizen. Fischfilets kalt abspülen, trocken tupfen, mit Zitronensaft säuern und salzen.

5 Kartoffelscheiben auf dem Boden einer großen Gratinform oder 2 kleinen Gratinformen auslegen. Brokkolimischung darauf verteilen, die Fischfilets daraufsetzen. Käse reiben und darüberstreuen. Milch darübergießen.

6 Das Gericht im heißen Ofen auf der mittleren Schiene 15–20 Minuten gratinieren. Wenn sich eine schöne Kruste gebildet hat, servieren.

CLEVER-ESSEN-EFFEKT
Stärkung der Muskelfunktion

Für 2 Personen:
2 mittelgroße Kartoffeln
Salz
250 g Brokkoli
½ Zwiebel
1 TL Olivenöl
1 Prise Currypulver
2 Seelachsfilets
  (à ca. 150 g)
Zitronensaft
25 g Parmesan, Pecorino
  oder Manchego
65 ml Milch

Lachs mit Spargel

Zubereitungszeit: **30 Min.**

Nährwerte pro Person: **454 kcal · 1900 kJ · 39 g EW · 29 g F · 10 g KH**

**CLEVER-
ESSEN-EFFEKT**

**Senkung der
Blutfett-
werte**

Für 2 Personen:

500 g grüner Spargel
2 Lachsfilets (à ca. 180 g)
3 Stängel Basilikum
2 EL Olivenöl
1 TL Butter
1 TL brauner Zucker
Salz
Pfeffer aus der Mühle
2 EL Zitronensaft, frisch
  gepresst
2 EL Sesam

1 Den Backofen auf 100 Grad Ober- und Unterhitze (80 Grad Umluft) vorheizen. Spargel
waschen, im unteren Drittel schälen und die En-
den abschneiden. Spargelstangen längs und quer
halbieren.

2 Lachsfilet kalt abbrausen und mit Küchenpapier trocken tupfen. Basilikumblättchen von
den Stängeln zupfen und grob zerrupfen.

3 In einer beschichteten Pfanne 1 EL Öl mit
½ TL Butter erhitzen. Spargel darin bei mittlerer Hitze rundum in 5–7 Minuten bissfest braten.
Spargel mit braunem Zucker bestreuen und leicht
karamellisieren.

4 Spargel mit Salz, frisch gemahlenem Pfeffer
und Zitronensaft würzen. Sesam zugeben
und den Spargel darin wenden. Spargel auf einen
Teller geben und im vorgewärmten Backofen
warm halten.

5 Lachs von beiden Seiten mit etwas Salz und
frisch gemahlenem Pfeffer würzen. Die Pfanne mit einem Küchenpapier auswischen. Übriges
Öl und restliche Butter in der Pfanne erhitzen.

6 Lachs in der Pfanne bei mittlerer bis starker
Hitze auf jeder Seite 3 Minuten braten. Den
Fisch mit Sesamspargel auf Tellern anrichten und
mit Basilikum bestreuen. Sofort heiß servieren.

Hähnchenbrust auf Reis

Zubereitungszeit: **20 Min.**
Nährwerte pro Person: **499 kcal · 2088 kJ · 42 g EW · 13 g F · 49 g KH**

1 Reis nach Packungsangabe zubereiten. Möhren schälen und in ca. 1 cm breite Streifen schneiden. Salzwasser erhitzen und Möhren darin bissfest garen. Anschließend unter den Reis heben und beides warmhalten.

2 Petersilie sowie Dill abbrausen, trocken schütteln und hacken. Das Hähnchen mit kaltem Wasser abbrausen und mit Küchenpapier trocken tupfen.

3 In einer Pfanne Olivenöl erhitzen. Hähnchenbrustfilets hineingeben und von jeder Seite ca. 4 Minuten anbraten. Danach rundum mit Salz und frisch gemahlenem Pfeffer würzen.

4 Honig und Sesam mit in die Pfanne geben und das Ganze noch ca. 1 Minute weiterbraten. Das Fleisch in der Zeit mehrmals wenden.

5 Kräuter unter den Möhrenreis mengen. Mit etwas Salz und frisch gemahlenem Pfeffer abschmecken. Auf Tellern anrichten und mit den Hähnchenbrustfilets servieren.

CLEVER-
ESSEN-EFFEKT

**gesunde Muskel-
und Nerven-
zellen**

Für 2 Personen:

250 g Naturreis (z. B. einfach lecker von reis-fit)
300 g Möhren
Salz
je 1 Stängel Petersilie und Dill
2 Hähnchenbrustfilets (à ca. 150 g)
1 EL Olivenöl
Pfeffer aus der Mühle
1 EL Honig
1 TL Sesam

Pute mit Wasser-kastanien

Zubereitungszeit: **25 Min.**

Nährwerte pro Person: **584 kcal · 2443 kJ · 38 g EW · 37 g F · 28 g KH**

CLEVER-ESSEN-EFFEKT

unterstützt geistige Leistungsfähigkeit

Für 2 Personen:

300 g Putenbrust
150 g Brokkoli
1 Möhre
½ Bd. Frühlingszwiebeln
150 g Wasserkastanien
  (Dose)
1 EL Öl
2 ½ EL Teriyakisoße
1 EL gerösteter Sesam

1 Putenbrust waschen, trocken tupfen und in Streifen schneiden. Brokkoli in Röschen zerteilen und waschen.

2 Möhre schälen, waschen und in Stifte schneiden. Frühlingszwiebeln putzen, waschen und in Ringe schneiden. Wasserkastanien abtropfen lassen.

3 Öl im Wok erhitzen, das Fleisch dazugeben und anbraten. Gemüse hinzufügen, andünsten und unter gelegentlichem Wenden 5–10 Minuten garen.

4 Wasserkastanien mit in den Wok geben, kurz miterhitzen und das Ganze mit Teriyakisoße abschmecken. Mit Sesam bestreuen und heiß servieren.

TIPP

Für eine pikante Note kann man dem Gemüse eine kleine rote, gehackte Chilischote beigeben.

Gegrillte Gemüse-Hähnchen-Spieße

Zubereitungszeit: **20 Min**.

Marinierzeit: **2 Std.**

Nährwerte pro Spieß: **140 kcal · 586 kJ · 13 g · EW · 9 g F · 2 g KH**

CLEVER-ESSEN-EFFEKT

Regulierung der Stoffwechsel-prozesse

Für 4 Spieße:

250 g Hähnchenbrustfilet
1 Knoblauchzehe
3 TL Olivenöl
½ TL geschroteter Chili
1 TL getrockneter Thymian
½ Aubergine
½ Zucchini
½ kleine Salatgurke
 (unbehandelt)
Salz
Pfeffer aus der Mühle
Petersilie zum Garnieren

1 Hähnchenbrustfilet kalt abbrausen, trocken tupfen und in mundgerechte Würfel schneiden. Knoblauchzehe schälen, durch eine Knoblauchpresse drücken und in einer Schale mit Olivenöl, Chili und Thymian vermengen. Fleisch untermischen und abgedeckt ca. 2 Stunden ziehen lassen.

2 4 Holzspieße wässern, damit sie später nicht verbrennen. Aubergine kalt waschen, trocken tupfen und in ca. 1 ½ cm dicke Scheiben schneiden. Sollten diese Scheiben zu groß sein, diese vierteln oder halbieren.

3 Die Zucchini waschen, trocken tupfen und in ca. 1 ½ cm dicke Scheiben schneiden. Salatgurke waschen, trocken reiben und dann in ca. 2 cm dicke Scheiben schneiden.

4 Das Hähnchenfleisch aus der Marinade nehmen und abtropfen lassen. Anschließend Auberginen-, Zucchini-, Gurkenscheiben und Hähnchenstücke abwechselnd auf die gewässerten Holzspieße stecken.

5 Gemüse-Hähnchen-Spieße auf den heißen Grill legen und rundum 3–4 Minuten grillen. Dann vom Grill nehmen und mit Salz sowie frisch gemahlenem Pfeffer bestreuen. Mit Petersilie garnieren und sofort servieren.

Putengeschnetzeltes mit Ananas

Zubereitungszeit: **20 Min.**

Marinierzeit: **1 Std.**

Nährwerte pro Person: **290 kcal · 1213 kJ · 39 g EW · 7 g F · 16 g KH**

CLEVER-ESSEN-EFFEKT

Schutz und Regeneration der Zellen

Für 2 Personen:

300 g Putenbrust
1 Stück Ingwer (1 ½ cm)
½ Knoblauchzehe
2 EL helle Sojasoße
Pfeffer aus der Mühle
Chilipulver
1 Msp. Currypulver
3 Scheiben frische Ananas
1 EL Öl
75 g frische Sprossen

1 Putenfleisch kalt abbrausen, trocken tupfen und in mundgerechte Stücke schneiden. Ingwer schälen und sehr klein würfeln. Knoblauch abziehen und durch eine Knoblauchpresse drücken.

2 Ingwer, Knoblauch, 1 EL Sojasoße, Pfeffer, Chili- und Currypulver verrühren. Fleisch in der Marinade wenden und 1 Stunde im Kühlschrank ziehen lassen.

3 Ananasscheiben schälen, den harten Strunk herausschneiden und das Fruchtfleisch in Spalten schneiden. Öl in einer weiten Pfanne erhitzen und das Putenfleisch darin kurz anbraten. Dann die Ananasstücke untermischen.

4 Sprossen in ein Sieb geben und unter fließendem heißem Wasser abbrausen. Abtropfen lassen, in die Pfanne geben und unter ständigem Wenden anbraten.

5 Putengeschnetzeltes mit Sojasoße und Gewürzen abschmecken. Anrichten und dann sofort heiß servieren.

Bulgur mit Zucchini und Minzjoghurt (Abb. S. 89)

Zubereitungszeit: **30 Min.**

Nährwerte pro Person: **473 kcal · 1979 kJ · 13 g EW · 28 g F · 43 g KH**

CLEVER-ESSEN-EFFEKT

stärkt Nerven, Muskeln und Knochen

Für 2 Personen:

100 g Bulgur
200 ml Gemüsefond
2 Zucchini
1 Zwiebel
40 g kalifornische Walnüsse
1 EL Olivenöl
Salz
Pfeffer aus der Mühle
125 g Naturjoghurt
½ kleines Bd. Minze
Zitronensaft, frisch gepresst

1 Bulgur in den Gemüsefond geben und unter Rühren 5 Minuten kochen. Danach abdecken und 10 Minuten quellen lassen.

2 In der Zwischenzeit Zucchini waschen, trocken tupfen und in Streifen schneiden. Zwiebel schälen und in Spalten schneiden. Walnüsse grob hacken.

3 Olivenöl in einer beschichteten Pfanne erhitzen. Zucchini und Zwiebeln darin ca. 5 Minuten braten. Mit Salz und frisch gemahlenem Pfeffer würzen. Die Hälfte der Walnüsse untermischen.

4 Joghurt mit Salz und frisch gemahlenem Pfeffer würzen. Minze abbrausen und etwas zum Garnieren beiseitelegen. Die restlichen Blättchen fein hacken und mit den übrigen Walnüssen unter den Joghurt rühren. Mit Zitronensaft abschmecken.

5 Bulgur locker unter die Zucchini mischen und mit Minzblättchen garnieren. Dazu den Walnuss-Minz-Joghurt servieren.

# Süßes

Beerensalat mit rosa Pfeffer

Zubereitungszeit: **25 Min.**

Nährwerte pro Person: **157 kcal · 658 kJ · 4 g EW · 9 g F · 14 g KH**

CLEVER-ESSEN-EFFEKT

unterstützt das Immunsystem

Für 2 Personen:

75 g Erdbeeren
75 g Himbeeren
75 g Rote Johannisbeeren
75 g Heidelbeeren
75 g Brombeeren
½ Vanilleschote
Muskatnuss
½ EL Zucker
½ TL geschroteter rosa Pfeffer
25 g kalifornische Walnüsse
¼ Bd. Minze

1 Erdbeeren mit kaltem Wasser abbrausen, abtropfen lassen und schlechte Stellen herausschneiden. Halbieren und den Stielansatz entfernen. Himbeeren waschen, abtropfen lassen und verlesen.

2 Die Roten Johannisbeeren kalt waschen, abtropfen lassen und von den Rispen zupfen. Heidelbeeren und Brombeeren unter fließendem kaltem Wasser waschen, abtropfen lassen und verlesen. Alle Beeren in eine große Schüssel geben.

3 Vanilleschote längs aufschneiden. Das Mark mit dem Rücken eines Messers oder einem kleinen Löffel herauskratzen, in ein Schälchen geben. 1 Prise Muskatnuss reiben und dazugeben. Mit Zucker und rosa Pfeffer vermengen. Den gewürzten Zucker zu den Beeren geben und vorsichtig mischen.

4 Walnüsse grob hacken. Eine kleine beschichtete Pfanne erhitzen und die Walnüsse darin ohne Zugabe von Fett rösten, dabei regelmäßig schwenken. Dann auf einem Teller abkühlen lassen.

5 Die Minze mit kaltem Wasser abbrausen, trocken schütteln und die Blättchen von den Stängeln zupfen. Zusammen mit den gerösteten Walnüssen unter die Beeren mischen und servieren.

Obstsalat mit Papaya und Granatapfel

Zubereitungszeit: **30 Min.**
Backzeit: **30 Min.**
Nährwerte pro Person: **474 kcal · 1983 kJ · 10 g EW · 16 g F · 33 g KH**

CLEVER-ESSEN-EFFEKT
für Darmgesundheit und Abwehrkräfte

Für 2 Personen:

1 EL Haselnüsse
4 EL Haferflocken
1 EL Kokoschips
1 EL Sonnenblumenkerne
½ EL Sesam
2 EL brauner Zucker
1 EL Öl
1 Msp. Zimtpulver
½ Papaya
½ Limette (unbehandelt)
½ Granatapfel
250 g Joghurtalternative
  natur

1 Den Backofen auf 160 Grad Ober- und Unterhitze (140 Grad Umluft) vorheizen. Nüsse grob hacken. Mit Haferflocken, Kokoschips, Sonnenblumenkernen und Sesam vermengen. Zucker, Öl und Zimt vermengen und in einem kleinen Topf erhitzen. Über die trockenen Zutaten geben und alles sorgfältig vermischen.

2 Ein Backblech mit Backpapier auslegen und die Nussmischung daraufstreichen. In den heißen Ofen schieben und die Mischung auf der zweiten Schiene von unten ca. 30 Minuten backen. Haferflockencrunch dabei immer wieder umrühren, da es sonst leicht verbrennen kann.

3 Nach Ende der Backzeit das Blech aus dem Ofen nehmen und Crunch auskühlen lassen. Anschließend in kleine Stücke brechen.

4 Papaya schälen, halbieren, entkernen und Fruchtfleisch würfeln. Limette heiß waschen, trocken reiben und die Schale dünn abreiben. Saft auspressen. Beides über die Papaya geben und kurz marinieren.

5 Granatapfelkerne auslösen und die weißen Trennhäute entfernen. Joghurtalternative auf 2 kleine tiefe Teller geben. Papaya, Granatapfelkerne und Crunch daraufsetzen und servieren.

Fruchtsalat mit Ingwer-joghurt und Haferflocken

Zubereitungszeit: **15 Min.**

Nährwerte pro Person: **412 kcal · 1724 kJ · 11 g EW · 8 g F · 74 g KH**

1 Die Ananas putzen, schälen, vierteln und den Strunk herausschneiden. Das Fruchtfleisch in Stücke schneiden.

2 Orange schälen und die Filets aus den Häuten lösen. Dann die Filets in mundgerechte Stücke schneiden.

3 Pflaumen waschen, entkernen und in Spalten schneiden. Trauben waschen und je nach Bedarf und Geschmack halbieren.

4 Die Früchte in eine Salatschüssel geben und den Orangensaft darübergeben. Das Ganze vorsichtig vermengen.

5 Ingwer schälen und fein reiben. Mit Joghurt und Honig glatt rühren. Das Dressing über dem Salat verteilen und mit Haferflocken bestreut servieren.

CLEVER-ESSEN-EFFEKT

Stärkung des Immun-systems

Für 2 Personen:

½ Mini-Ananas
1 Orange
125 g Pflaumen
150 g kernlose Trauben
25 ml Orangensaft
1 kleines Stück Ingwer
250 g Naturjoghurt
2 EL Honig
75 g kernige Hafer-flocken

TIPP

Achten Sie bei den Früchten darauf, dass sie reif, aber nicht überreif sind. Reife Ananas duftet intensiv, außerdem lassen sich die inneren grünen Blätter leicht aus der Blattkrone zupfen.

Vollkorn-Heidelbeer-Pfannkuchen

Zubereitungszeit: **25 Min.**

Nährwerte pro Person: **414 kcal · 1732 kJ · 14 g EW · 18 g F · 48 g KH**

CLEVER-ESSEN-EFFEKT

Schutz vor Infekten und freien Radikalen

Für 2 Personen:

250 g Heidelbeeren
2 Eier (Größe M)
60 g feines Weizen-
  vollkornmehl
125 ml Milch
15 g brauner Zucker
Bourbon-Vanillezucker
Salz
1 EL Öl
1 TL Puderzucker

1 Heidelbeeren verlesen, vorsichtig waschen und in einem Küchensieb gut abtropfen lassen. Stiele und Blättchen abzupfen.

2 Eier trennen. Eigelb mit Mehl, Milch, braunem Zucker, Vanillezucker und 1 Prise Salz in eine Rührschüssel geben. Das Ganze mit den Quirlen des Handrührgerätes zu einem glatten Teig verarbeiten. Eiweiß sehr steif schlagen und mit einem Rührlöffel unter den Teig heben.

3 Eine beschichtete Pfanne dünn mit Öl ausstreichen und erhitzen. Mit einer Schöpfkelle eine kleine Menge Teig in die Pfanne geben. Teig gleichmäßig verteilen und kurz leicht anbacken. Dann 2 EL Heidelbeeren auf den Teig streuen. Heidelbeerpfannkuchen auf beiden Seiten goldbraun backen.

4 Auf die gleiche Weise aus dem restlichen Teig und mit den übrigen Beeren ca. 5 weitere Pfannkuchen backen. Die fertigen Heidelbeerpfannkuchen sofort mit Puderzucker bestreuen und dann noch warm servieren.

TIPP

Wer mag, bestreut die Heidelbeerpfannkuchen mit einer Mischung aus Puderzucker und Zimt. Dazu schmeckt außerdem Ahornsirup.

Fruchtspieße mit Kokos

Zubereitungszeit: **10 Min.**

Nährwerte pro Spieß: **59 kcal · 247 kJ · 1 g EW · 3 g F · 8 g KH**

1 Erdbeeren putzen, waschen und abtropfen lassen. Bei Bedarf halbieren. Apfel waschen und vom Kerngehäuse befreien. Fruchtfleisch in schmale Spalten schneiden.

2 Ananas schälen und in mundgerechte Würfel schneiden. Mango schälen und das Fruchtfleisch vom Stein lösen. Fruchtfleisch ebenfalls in Würfel schneiden.

3 Früchte abwechselnd auf 4 Holzspieße (jeweils ca. 12 cm lang) stecken. Kokosraspel auf einen Teller streuen und die Spieße einmal rundum darin wälzen. Je 2 Spieße auf 2 Tellern anrichten.

CLEVER-
ESSEN-EFFEKT

**Schutz vor
Zellschäden**

Für 4 Spieße:

100 g Erdbeeren
½ Apfel
¼ kleine Ananas
¼ Mango
25 g Kokosraspel

TIPP

**Auch gut schmecken Spieße mit einer Fruchtmischung
aus entsteinten Kirschen, Bananen und Papaya.**

Bananen-Walnuss-Muffins

Zubereitungszeit: **20 Min.**
Backzeit: **20 Min.**
Nährwerte pro Stück: **295 kcal · 1234 kJ · 5 g EW · 15 g F · 35 g KH**

CLEVER-ESSEN-EFFEKT

fördert ein intaktes Nervensystem

Für 12 Stück:

Fett für die Form
330 g Mehl (Type 405)
½ TL Natron
½ TL Backpulver
⅛ TL Nelkenpulver
⅛ TL Muskatnuss, frisch
  gerieben
3 mittelgroße Bananen
140 g Butter
125 g Zucker
2 Eier (Größe L)
70 g Walnüsse

1 Den Backofen auf 190 Grad Ober- und Unterhitze (170 Grad Umluft) vorheizen. Eine Muffinform für 12 Muffins ausfetten.

2 Mehl mit Natron, Backpulver, Nelke und Muskatnuss vermengen. Die Bananen schälen und mit einer Gabel sorgfältig zerdrücken; das Bananenpüree darf nicht stückig sein.

3 Weiche Butter und Zucker in einer Schüssel mit dem Handrührer cremig rühren. Eier hinzufügen und weiterrühren, bis alles gut vermischt ist.

4 Mehlmischung und Bananenpüree zur Butter geben; dabei nicht zu stark rühren. Walnüsse grob hacken und unterheben.

5 Den Teig auf die Muffinform verteilen. In den heißen Backofen schieben und ca. 20 Minuten backen. Muffins 5 Minuten in der Form auskühlen lassen. Dann auf ein Kuchengitter stürzen.

TIPP

Walnüsse sind eine der gehaltvollsten Quellen für Antioxidantien.

Sachregister

Rezeptregister

Bildnachweis

123rf.com: Yuri Arcurs 4, 13, 20, Olga Miltsova 5, Dmitry Bairachnyi 7, Corinna Gissemann 10, Dan Kosmayer 12, Viktoriia Borysenko 17, Viet Doan 18, subbotina 25, Viacheslav Krisanov 27, Gabriel Moisa 28, Denys Prokofyev 29, Birgit Reitz-Hofmann 30, Elena Elisseeva 32 u., Aleksandr Markin 40, goodluz 41; Almond Board of California: 52, 61; Alnatura: 43, 55, 122; Alpro soya: 99, 113, 117; Arras/Südwest Verlag: 121; California Walnut Commission: 14, 21, 32 o., 56, 63, 89, 115; Cranberry Marketing Committee: 75, 78; Fisch-Informationszentrum e. V.: 8; fotolia.com: raven (Illustration Hinterlegungen) 3, 4, 5, 6, 7, 9, 10, 11, 12, 13, 14, 15, 16, 17, 18, 19, 20, 21, 23, 24, 25, 26, 27, 28, 29, 30, 31, 32, 33, 35, 37, 38, 39, 40, 41, 42, 43 (2 x), 44, 46, 49, 50, 53, 54, 57, 58, 59 (2 x), 60, 62, 64, 67, 68, 69 (2 x), 70, 73, 74, 76, 79, 80, 82, 85, 86, 88, 90, 93, 94, 105, 106, 108, 110, 112, 113 (2 x), 114, 116, 119, 120, 123, 124, 126, 127, 128 und (Illustration klein) 5, 23, 25, 27, 30, 32, 35, 37, 40, Amathieu (Illustration Hinterlegung) 96, 98, 101, 102, Gerhard Seybert 9, Barbara Dudzińska 11, reka100 16, Liv Friis-Larsen 19, Agence DER 22 und 36, Adam Borkowski 24, Picture-Factory 26, boguslaw 34 u.; iStockphoto.com: monkey-businessimages 35; Jessen/Südwest Verlag: 103; Kikkoman Trading Europe GmbH: 107; Köllflocken: 118; North Carolina SweetPotatoe Commission: 51; Photocuisine: 59, 66, 81; pixelio.de: uschi dreiucker 31, www.sonjawinzer.de 33 M., Thomas Siepmann 38 o., Rainer Sturm 38 u., Julien Christ 42; Plewinski/Südwest Verlag: 45, 83, 84, 100; Politt/Südwest Verlag: 47, 77; reis-fit: 92, 104; shutterstock.com: Eva Gründemann 6, Juriah Mosin 15; Smend/Goldmann Verlag: 125; StockFood: 33 o. und u., 34 o., 48, 65, 71, 72, 87, 91, 95, 97, 109, 111; Weihenstephan: 69